中国运河与漕运研究

三国两晋南北朝卷

张强 著

世界图书出版公司

西安 北京 上海 广州

图书在版编目(CIP)数据

中国运河与漕运研究.三国两晋南北朝卷/张强著.—西安：世界图书出版西安有限公司，2021.1

ISBN 978-7-5192-8253-0

Ⅰ.①中… Ⅱ.①张… Ⅲ.①运河—交通运输史—研究—中国—三国时代、魏晋南北朝时代 ②漕运—交通运输史—研究—中国—三国时代、魏晋南北朝时代 Ⅳ.①F552.9

中国版本图书馆 CIP 数据核字(2020)第 270644 号

书　　名	中国运河与漕运研究·三国两晋南北朝卷
	ZHONGGUO YUNHE YU CAOYUN YANJIU SANGUO LIANGJIN NAN-BEI CHAO JUAN
著　　者	张　强
责任编辑	王　冰
装帧设计	诗风文化
出版发行	世界图书出版西安有限公司
地　　址	西安市锦业路 1 号都市之门 C 座
邮　　编	710065
电　　话	029-87214941　029-87233647(市场营销部)
	029-87235105(总编室)
网　　址	http://www.wpcxa.com
邮　　箱	xast@wpcxa.com
经　　销	全国各地新华书店
印　　刷	西安牵井印务有限公司
开　　本	787mm×1092mm　1/16
印　　张	19.75
字　　数	450 千字
版　　次	2021 年 1 月第 1 版
印　　次	2021 年 1 月第 1 次印刷
国际书号	ISBN 978-7-5192-8253-0
定　　价	150.00 元

版权所有　翻印必究

(如有印装错误，请与出版社联系)

序

从兴修区域性的内河航线到将不同区域的内河航线连接到一起，中国古代的人们通过改变交通运输方式，以运河带动了当时沿线地区社会经济及城市的发展。

周代以前，交通以陆路为主。《周礼·大司徒》云："诸公之地，封疆方五百里，其食者半；诸侯之地封疆方四百里，其食者参之一；诸伯之地，封疆方三百里，其食者参之一；诸子之地，封疆方二百里，其食者四之一；诸男之地，封疆方百里，其食者四之一。"《汉书·地理志上》云："周爵五等，而土三等：公、侯百里，伯七十里，子、男五十里。"那时虽有水运，但主要是利用自然水道。如《尚书·禹贡》叙述九州贡道时，有兖州"浮于济、漯，达于河"，青州"浮于汶，达于济"，徐州"浮于淮、泗，达于河"，扬州"沿于江、海，达于淮、泗"之说，等等，这些都是说利用自然水道的情况。

时至春秋，为了满足领土扩张后的交通需求，一些诸侯国开始在境内外开挖运河。如司马迁《史记·河渠书》记载道："荥阳下引河东南为鸿沟，以通宋、郑、陈、蔡、曹、卫，与济、汝、淮、泗会。于楚，西方则通渠汉水、云梦之野，东方则通沟江淮之间。于吴，则通渠三江、五湖。于齐，则通菑济之间。"这些运河具有区域性的特点，主要是为各诸侯国的政治、经济、军事等服务，如吴国在境内外开挖运河就有三个目的：一是为改善自身的交通条件；二是为提高农业的生产水平；三是为争霸服务，建立一条与中原相连的能够运粮运兵的水上通道。

平王东迁，以洛阳为中心的黄河中下游地区成为各诸侯国争霸的场所。这一时期，横亘中原"与济、汝、淮、泗会"的鸿沟成为诸侯争霸时利用的对象。中国古代有长江、黄河、济水和淮河四条独立入海的大河，鸿沟与黄河、济水和淮河三大水系相通，极大地改善了原有的水上交通条件。如鸿沟自荥阳（在今河南荥阳）向西可入黄河航线，沿黄河入渭水可入关中，随后直通长安（在今陕西西安）；而自荥阳向东入淮、泗，经江淮之间的邗沟可抵长江北岸，随后进入长江流域及长江以南的区域。

鸿沟建成的时间下限当在周定王五年（前602）黄河南徙之前。司马迁称鸿沟"与济、汝、淮、泗会"，黄河南徙后，济水在黄河南岸的水道已不复存在，故可知在周定王五年黄河南徙前鸿沟已投入使用。东周的政治中心是洛邑(在今河南洛阳),经济发达地区集中在以洛邑为中心的黄河两岸,鸿沟自荥阳向东南与淮河及支流泗水、汝水相会。有意思的是,江、河、淮、济四渎中,唯淮河呈南北流向。如胡渭《禹贡锥指》卷六云:"淮水自今河南汝宁府息县南东流,经光山县北,是为扬域。又东经光州北,又东经固始县北,又东北经江南凤阳府颍州北,又东经霍丘县北、颍上县南,又东经寿州北,与豫分界。又东北经五河县东南,又东经泗州南、盱眙县北,又东北经淮安府清河县南,又东经山阳县北,又东经安东县南,而东北注于海,与徐分界。"鸿沟与淮河及其支流汝水、泗水相通,为开发汝、泗区域创造了必要的条件,后来,又为开发淮河另一支流颍水的沿岸打开了方便之门,时至东汉,颍水两岸成为天下最富庶的地区。

邗沟位于江淮之间,公元前486年,吴王夫差为了北上争霸,遂利用淮河下游的水道兴修了这条运粮通道。鸿沟入淮,以及其与邗沟相连有四个方面的意义:一是自鸿沟入淮、入邗沟可以抵达长江北岸的扬州(在今江苏扬州),如果继续向前,跨越长江可经吴古故水道或秦丹徒水道深入江南的腹地,如果走水路溯江而上可深入到两湖、巴蜀等地;二是邗沟在改善淮南交通的同时,为开发淮南立下了汗马功劳,如《尚书·禹贡》叙述淮南土地及农业收成时有"厥土惟涂泥,厥田唯下下"之说,而开凿邗沟以后,这块以扬州、淮阴(在今江苏淮阴)为核心的贫瘠之地渐渐成为著名的粮仓;三是汉代吴王刘濞统治淮南时,重点发展盐业,为后世淮盐的崛起奠定了坚实的基础;四是在经济重心移往江淮及江南的过程中,这条水上交通线既担负着维护京城粮食安全的使命,又担负着商贸往来的重任。

鸿沟、邗沟虽然不是开挖最早的运河,但它们所经过区域的农业经济都曾先后崛起。具体地讲,我国的农业经济重心移往江南以前,先是在黄河中下游地区,后来在江淮崛起,但人们只关注自黄河中下游地区转移到江南的历史,对江淮一直缺少必要的关注。江淮农业经济地位下降,主要有两个原因:一是从三国分立起,江淮地区开始成为不同政权反复争夺的战场,这一情况直接影响社会经济特别是农业经济的发展;二是宋高宗建炎二年(1128)冬,东京留守杜充为阻金兵南下开挖黄河堤坝,从此开启了江淮成为洪水走廊的先河,如史有"杜充决黄河,自泗入淮以阻金兵"(《宋史·高宗纪二》)之说。可以说,南宋以后,黄河夺泗夺淮的历史均与此相关。黄河夺泗侵淮给江淮带来灭顶之灾,改变了"走千走万,不如淮河两岸"的历史。然而,如果注意到从隋唐到北宋这一历史时期,当知在江淮出现扬州这样全国第一大商业都会不是偶然的,亦可知江淮曾是全国最发达的农业经济区域和重要的商品集散地。

东晋时期,江南的农业经济得到了开发,其中,江南运河如吴古故水道、秦丹徒水道等均在农业开发中发挥了重要作用。这些运河除了有交通运输功能外,还有排洪防涝、改良土壤等功能。南北分治时期,无论是南朝北伐还是北朝南征,都是沿水路运兵运粮的,在这一过程中,鸿沟、邗沟、吴古故水道、丹徒水道等都在连接中原与江淮的运河中发挥了重要作用。

时至隋代,运河建设进入了历史的新阶段。一般认为,隋代运河建设是在隋炀帝即位以后,其实这一认识是不准确的,应该说是始于隋文帝。具体地讲,一是隋文帝在关中兴修了广通渠等,改变了关中的交通条件,提升了漕运能力;二是广通渠等具有行运、灌溉、改良土壤、排洪防涝等多种功能,这些功能叠加在一起改善了关中的农业生产条件;三是隋文帝将运河建设扩展到关东、江淮等区域,多次重修邗沟,又整治汴口(鸿沟入河口)等,已有将关中、关东、江淮等地运河相互连接的构想;四是隋文帝建十三州水次仓(漕运中转仓),明确地表达了加强漕运及为京城粮食安全服务的诉求。十三州水次仓均建在黄河与其支流交汇的河口,这也标志着隋朝建立了黄河与运河相接的漕运体系,如史有"转运通利,关内赖之。诸州水旱凶饥之处,亦便开仓赈给"(《隋书·食货志》)之说。水次仓的建设是漕运管理制度的重要内容。追溯历史,水次仓建设萌芽于战国后期,至北魏得到确立,隋文帝统一中国后沿续了这一制度。通过一系列的建设,隋文帝建立了自江淮、关东至关中的漕运大通道,为以关中控制关东及全国的战略构想提供了保障。

在隋文帝兴修运河的基础上,隋炀帝全面揭开了建设东都洛阳水陆交通运输体系的序幕,兴修了通济渠、永济渠和江南河三条运河,编织了一个巨大的交通运输网络。具体地讲,自长安至扬州的通济渠,主要利用了先秦鸿沟及汉代石门堰等,以及隋文帝时重修的汴口、邗沟等成果。通济渠自洛阳出发,经阳渠入洛水,经洛口入黄河,随后走黄河航线入汴口(在今河南荥阳西),继续东行入淮,途经淮北到淮南以后入邗沟,经邗沟可抵长江北岸的扬州。在经济重心移往江淮及江南的背景下,通济渠凭借自然地理区位优势成为隋王朝最重要的运河。这条运河不但将黄河流域的洛阳与江淮连到一起,而且自扬州渡江可深入江南的腹地,溯江而上可深入长江流域。开渠后,隋炀帝又下令沿通济渠修筑御道,增强了通济渠的陆运能力。

再来看看永济渠,它入黄河前有与通济渠共用的航道。两渠都是自洛阳出发,经阳渠入洛水,经洛口入黄河,入黄河后,两渠的航线发生变化,其中,通济渠入河后向东行至汴口出黄河,永济渠自洛口渡河至北岸。《隋书·炀帝纪上》云:"四年春正月乙巳,诏发河北诸郡男女百余万开永济渠,引沁水南达于河,北通涿郡。"永济渠建设发生在大业四年一月。永济渠至黄河北岸后,兴修时先是引沁补给水源,随后又因男丁不足,征用女姓服劳役。《隋书·食货志》又云:"四年,发河北诸郡百余万众,引沁水,南达于河,北通涿郡。自是以丁男不供,始以妇人从役。"从大势上看,永济渠呈南北走向,兴修时先是引沁入运,后是将黄河以北的大部分河流纳入补给水源,与此同时,又利用了建安时期(196—220)曹操在河北地区兴建的白沟等,最终建成了一条自洛阳直抵幽、燕大地的战略大通道。

永济渠与通济渠互通,使隋朝具有了面向不同方向的水上交通能力。此外,隋炀帝又沿两渠堤岸兴修御道,进一步提升了两渠的利用价值。与通济渠、江南河相比,永济渠兴修的难度最大。兴修永济渠的难处有三:一是建设的过程中需要避开太行山;二是黄河以北是黄河泛滥及改道的高频区,而黄河改道往往会引起相关区域的水文变化,增加兴修永济渠的难度;三是永济渠自南向北,截断了自西向东且有不同入海口的河流,由于需要将这些河流统一到独流口经小直沽入海,在破坏原有水系的同时,还加大了兴修永济渠的工程量。

与通济渠、永济渠相比,江南河兴修的难度最小。江南水网密布,水资源丰富,隋炀帝兴修江南河,主要利用了吴古故水道、秦丹徒水道等。

经过一千多年不间断的开挖,时至隋炀帝一朝,贯穿四方的水上交通运输体系终于建立起来了。

当国都建在黄河流域时,无论是建都长安、洛阳,还是大梁(在今河南开封),漕运方向虽会发生一些变化,但不会发生原运道废弃或沿岸城市衰败的情况。然而,到元世祖忽必烈定都大都(在今北京)时,运河交通及漕运开始发生重大变化。具体地讲,政治中心北移后,原先的水运体系已不能适应新的需求,史有"而运粮则自浙西涉江入淮,由黄河逆水至中滦旱站,陆运至淇门,入御河,以达于京。"(《元史·食货志一》)之说。这一时期,绕道而行采用水陆联运的耗费实在太大,随后统治者采取了"海漕"即海运之策。先将江南粮食集中到发运点刘家港(在今江苏苏州太仓浏河),随后,从刘家港起航沿长江入海,入海后沿海岸线北上,至直沽(在今天津)登岸入广通仓,等候北上入京。

元朝的政治中心虽然北移,但经济重心却仍在江南。《元史·食货志一》云:"元都于燕,去江南极远,而百司庶府之繁,卫士编民之众,无不仰给于江南。"元人眼中的"江南"是指江南省,其中包括盛产淮盐的沿海区域。

为了开通京杭大运河,元王朝主要采用了四大措施:一是在前人的基础上兴修了从直沽到大都的通惠河;二是重点兴修了山东境内的会通河;三是开通了徐州至清口(在今江苏淮阴码头镇)的黄河运道;四是利用和改造了元代以前的运河等,如利用和改造了从临清到直沽的御河、从淮阴到扬州的江淮运河、从镇江到杭州的隋及隋前运河。通过采取这四大措施,元王朝实现了大运河东移的战略构想。

明成祖朱棣夺取政权后,迁都北京。这一时期,最能代表明代兴修京杭大运河成就的工程是重开会通河。重开会通河的直接原因是:洪武二十四年(1391),河决原武(在今河南原阳),淤塞会通河。为恢复自江南北上的航线,宋礼等奉命疏凿会通河,再次开通了贯穿南北的大运河。

嘉靖四十五年(1566),运道大坏,工部尚书朱衡提出开挖自南阳至夏村的备用运道的方案。在这中间,朱衡采纳了潘季驯"浚留城口至白洋浅旧河,属之新河"的意见。勘议时,给事中何起鸣表达了赞成朱衡、潘季驯意见的想法,并提出了"旧河难复,新河宜开"的意见。

"新河"是与"旧河"相对的概念,旧河原本是会通河的一部分,开新河的目的是改造会通河沛县及留城一带的航线,避开黄河的侵扰。

明朝随后又开了泇河。泇河长二百六十里,自夏镇(在今山东微山)李家口经韩庄湖口可抵达台儿庄(在今山东枣庄),从台儿庄经邳州东直河口至董沟进入黄河(泗水故道)。史称:"其后开泇河二百六十里,为闸十一,为坝四。运舟不出镇口,与黄河会于董沟。"(《明史·河渠志三》)新河和泇河开通后,在改造会通河运道的同时,降低了船舶在该航段航行的风险。

清代继续通过各种方法维护贯穿南北的京杭大运河的运道安全,根据需要改造和疏浚了大运河的不同航段。在这中间,最重要的改造工程是:改造自清口(在今江苏淮阴)至徐州的借黄河行运的航线。改造前这条航线以黄河为运道,改造后另开新航线,成功地避开了黄河风险。

综上所述,不同时期有不同的运河。具体地讲,春秋战国时期是运河开挖的初始期,这一时期,主要是各诸侯国根据军事斗争的需要开挖运河,如吴国兴修了吴古故水道、邗沟和菏水等。秦灭六国,国祚不长,故没有机会进行运河建设。汉王朝建立以后,主要在黄河流域及关中和关东兴修运河。建安时期,曹操在北方兴修运河,为隋炀帝开凿永济渠奠定了基础。隋文帝开关中运河改善了关中的水上交通条件,隋炀帝以洛阳为中心兴修贯穿南北的通济渠、永济渠,同时在吴运河的基础上开江南河,第一次建立了贯穿南北的运河交通秩序。元朝建立后,原有的运河交通体系已不能适应新形势,故元朝在部分旧航线的基础上开辟新道,建立起自杭州北上至大都的运河交通体系。在这中间,元人开凿会通河及借黄河行运,实现了京杭大运河的整体东移。此后,明清两代在继承元代运河的同时,根据各航段出现的新问题进行了重修。

这里再说一说运河与城市的关系,在没有兴修运河以前,城市虽有依水而建的特点,但水运受到河流自然走向的限制,城市与城市之间的联系以陆路交通为主。运河兴修后,整个国家具有了四通八达的水上交通网,沿岸城市以经济发展为先导迅速崛起,在一定程度上引起了区域政治中心的变化。具体地讲,运河沿线的航段节点作为商品流通的集散地,在成为人口密集区的同时,也为其成为繁华的都市提供了必要的条件。当这些区域因经济地位上升后成为县级建制或州府级建制时,往往会动摇与之相关的非运河城市的区域政治中心的地位。一般来说,古代城市建设的规模是由其政治地位决定的,作为不同层级的区域政治中心城市一经建立,与之相应的交通建设则会起到维护该城市政治、经济地位的作用。如果要改变原有的布局,则需要改善与之相适应的交通环境。从这样的角度看,以城市为中心的交通布局一旦形成,交通建设的保守性则会起到维护原有城市中心地位的作用。反过来讲,城市布局的保守性又为保持城市原有的政治和经济地位起到了关键性的维护作用,即城市政治和经济地位的升降是以交通布局和变化为依据的。在这中间,当运河冲破区域性的限制,形成贯穿东西南北的交通能力后,会在改变原有交通布局的同时,给城市建设带来新的内容,甚至在一定程度上会颠覆原有的政治、经济秩序。

从另一个层面看,在三级或四级行政管理体制下,京城作为全国的政治中心对不同层级的区域政治中心具有行政管辖权。郡及州、府作为区域政治中心,一头联系中央,一头联系属县。这一格局在宣示京城为国家政治中心和经济中心的同时,也表达了下一层级的城市作为区域政治和经济中心的诉求。在没有运河以前,城市之间的联系更多表现为行政管辖和隶属关系。在这一过程中,许多平级城市因没有行政管辖关系,在重农抑商政策的左右下,再加上陆路运输成本太高、缺少必要的商品流通机制,甚至一些相邻的城市也会在经济上处于相对封闭或隔绝的状态。受行政管辖权的支配,因隶属关系不同,相邻的城市很难形成经济联系紧密的共同体,进而成为优势互补的城市群。然而,运河成为重要的交通干线后,形势发生了变化。具体地讲,运河作为快捷高效的交通形式,通过取代陆路交通或改变原有的交通结构的方式,改变了原有的城市布局。在这一过程中,具有一定层级的行政建制向运河沿线迁徙或运河沿线低层级的城市成为高一级的行政建制,交通方面的变化引起了行政区域及建制方面的变化。进而言之,以运河为干线,沿岸城市凭借这一高效率的交通运输形式,加强了相互间的联系,形成相对稳定的经济体和城市群。

运河城市的兴起与非运河城市的衰落,在一定程度上反映了运河交通兴衰的历史。从开挖某一区域的运河到重视运河在交通、灌溉、防洪排涝等方面的综合功能,从联结不同区域的运河到弱化其综合功能,再到重点发展漕运,运河在形成贯穿全国的交通运输能力以后,以水运优势改变了以陆路为主的交通结构。在这一过程中,交通布局上的变化引起了城市布局的变化,而城市布局的变化又引发了城市建设观念的变化。

在历史的进程中,运河与古代社会的政治、经济、军事、文化等发生了密切的联系,其中最值得关注的有八个方面:一是运河有强大的运兵、运粮能力,为诸侯称雄争霸带来了占据制高点的先机;二是进入大一统时期以后,运河为维护国家统一、开拓疆土和消灭反叛势力提供了基本保障;三是运河促进了不同区域的经济发展,为不同的自然经济区域的发展及商贸活动注入了活力;四是运河贯穿南北,是有生命力的载体,它的存在缩小了不同区域的文化差异;五是运河有稳定社会政治和经济秩序的功能,如运河保证了京城的粮食安全;六是运河沿线的中转仓能为就近调粮赈灾提供便利;七是运河同时具有交通运输、农田灌溉、防洪防涝、改良土壤等多种功能,这些功能叠加在一起,提高了相关区域社会经济的发展水平;八是运河与黄河、长江、淮河等交织在一起,形成了强大的交通运输网,特别是运河与运盐河串联在一起,扩大了商贸往来及榷盐即征收盐税的范围。

运盐河是运河的一部分,它一头通往盐场,一头与运河相连,为榷盐提供了便利的水道。

更重要的是,运盐河又是一条漕运及商贸的大通道,如与运盐河相连的江淮运河即扬州运河有"盐河"之称,史有"扬州运河,亦名盐河,北至三汊口,达于会通河"(《新元史·河渠志二》)之说。扬州运河以扬州为起点,北至三汊口(三汊口闸,今江苏徐州),与会通河相接。

追溯历史,征收盐税始于春秋。当时,齐国为了富国强兵,充分利用濒临大海的自然地理条件煮海为盐,开创了征收盐税的历史。叶观论述道:"盐利之兴,肇于管晏,而成于汉,然与酒、铁并榷,未盛也。至唐之刘晏,而利始博。"(《嘉靖两淮盐法志·序》)这一说法大体上反映了古代建立榷盐制度的历史轨迹。

最早的运盐河,当推刘濞在江淮之间兴修的自广陵(在今江苏扬州)到产盐区海陵(在今江苏泰州)的运盐河。史称:"江、淮漕运尚矣。春秋时,吴穿邗沟,东北通射阳湖,西北至末口。汉吴王濞开邗沟,通运海陵。"(《宋史·河渠志六》)因通运海陵的运盐河是邗沟的延长线,故有"邗沟"之称。又因自广陵往海陵及如皋磻溪(在今江苏南通如皋)等地的运盐河,以茱萸湾(在今江苏扬州邗江区万头乡)为起点,故又有"茱萸沟"之称。李斗记载道:"《左传·哀公九年》:'秋,吴城邗,沟通江、淮。'此今之运河自江入淮之道也。自茱萸湾通海陵、如皋、蟠溪,此吴王濞所开之河,今运盐道也。运道在《左传》称邗沟,《国语》称深沟,《吴越春秋》称为渠,《水经注》称幹江,汉晋间称漕渠,或曰合渎渠,或曰山阳渎。隋称山阳渎,郡志称山阳沟,河名不一,徙复无常。郡县志乘,载而弗详。"(《扬州画舫录》)茱萸沟开通后,为淮盐输出创造了必要的条件。吴王夫差兴修邗沟后,改善了江淮之间的水上交通条件,具体表现在两方面:扬州的一头连接长江,以长江为运道可联系长江流域的广大地区并通向大海;扬州的另一头通过邗沟连接淮河,以邗沟和淮河为运道,向北可联系淮河流域及中原。

运盐河的建设区域主要集中在江淮一带,出现这一情况是必然的,原因有三方面:一是江淮区域地理位置适中,南下入江可深入长江流域的腹地,沿运河北上可进入黄河流域;二是江淮区域水资源丰富,有适合建造运盐河的自然条件;三是江淮生产的海盐即淮盐,品质优良,价格低廉,深受百姓和经销商的欢迎。

进入南北分治时期,江淮成为战争双方对峙的攻防线。为就地解决军用需求,淮浦(在今江苏涟水)成为南北双方争夺的战略要地。卢昶在上疏中写道:"所以倾国而举,非为朐山,将恐王师固六里,据湖冲,南截淮浦,势崩难测,海利盐物,交阙常贡。所虑在大,有必争之心。若皇家经略,方有所讨,必须简将增兵,加益粮仗,与之亢拟。相持至秋,天麾一动,开拓为易。"(《魏书·卢玄传》)为了夺取淮浦的"海利盐物",北魏南下时将淮浦视为重点发展的区域。魏世宗在诏书中写道:"知贼城已下,复克三关,展威辟境,声略宣振,公私称泰,良以欣然。将军渊规内断,忠谟外举,受律扬旌,克申庙算,虽方叔之制蛮荆,召虎之扫淮浦,匹兹蔑如也。新州初附,宜广经略,想善加检督,必令周固,有所委付,然后凯旋耳。"(《魏书·

南安王传》)魏世宗之所以要"扫淮浦",是因为淮浦生产的海盐可以充实国库,进而换取粮食及各类军用物资。几乎是与此同时,南朝也把淮浦视为经略的对象。梁武帝代齐后,雄心勃勃地提出了开拓疆土的战略构想,史有"频事经略,开拓闽、越,克复淮浦,平俚洞"(《隋书·地理志上》)之说,梁武帝将"克复淮浦"与"开拓闽、越"相提并论,当知经营淮浦的目的是经营淮盐。

淮盐成为重点征榷的对象始于唐代刘晏身兼江淮转运、盐铁诸使以后。当时,淮盐产区集中在淮浦及以东的东海(在今江苏连云港东海)和郁州(在今江苏连云港)等地。是时,淮浦是淮盐输出的水上交通枢纽,凭借淮河及支流形成的水道,可经淮浦中转北上或南下。具体地讲,自淮浦顺淮河而下经海州出海可抵郁州,沿游水北上可入沭水;自海州溯淮而上经淮浦可经淮阴进入泗水和汴河,并远接黄河流域;自淮浦经淮阴入邗沟南下可达长江流域。这一自然水道的存在,为淮浦成为淮盐外运时的交通枢纽奠定了基础。

然而,仅仅有自然形成的水路是不够的,要想扩大淮盐的外运能力,还需要开挖与漕运通道相连的运盐河。垂拱四年(688),武则天在淮浦开挖了新漕渠。史家叙述涟水政区及交通时写道:"有新漕渠,南通淮,垂拱四年开,以通海、沂、密等州。"(《新唐书·地理志二》)新漕渠的主要功能是输出淮浦和海州生产的海盐,这条运盐河与江淮运河相通,可入长江、淮河及汴河,沿沂水通沂州(在今山东临沂)、密州(在今山东诸城)等地。

稍后,唐王朝又兴修了自淮浦至海州及东海的运盐河。王谠记载道:"海州南有沟水,上通淮楚,公私漕运之路也。宝应中,堰破水涸,鱼商绝行。州差东海令李知远主役修复,堰将成辄坏,如此者数四,劳费颇多,知远甚以为忧。或说:梁代筑浮山堰,频有坏决,乃以铁数千万片填积其下,堰乃成。知远闻之,即依其言,而堰果立。"(《唐语林·补遗》)

这些运盐河开凿后,为刘晏以盐利补贴漕运,解决东南漕运中产生的各项支出奠定了基础,同时为划分食盐区、扩大淮盐的销售范围提供了必要的条件。司马光记载道:"晏专用榷盐法充军国之用。时自许、汝、郑、邓之西,皆食河东池盐,度支主之;汴、滑、唐、蔡之东,皆食海盐,晏主之。"(《资治通鉴·唐纪四十二》)这一做法扩大了淮盐的行销范围,在这中间,刘晏取得"大历末,通计一岁征赋所入总一千二百万贯,而盐利且过半"(《旧唐书·刘晏传》)的成绩,这些与重点经营淮盐息息相关。

运盐河与东南重镇楚州淮阴郡、扬州广陵郡相连,两大重镇扼守淮河和长江两大自然水道。沿运盐河可深入到淮浦、海州等盐场的腹地,自运盐河入江淮运河北上入淮河、汴河等进入黄河流域;自扬州入江可溯流而上深入到长江腹地,特别是划分食盐区以后,淮盐在销售汴、滑、唐、蔡以东各州的同时,又可溯江而上销售到荆湖等地。

唐代以后,淮盐成为最受欢迎的盐种。为了加快淮盐输出及行销的步伐,时至宋代,江淮出现了运河疏浚与运盐河建设相结合的情况。史称:"元丰七年,浚真楚运河。朱服为右史,帝遣使治楚州新河,戒之曰:'东南不惯兴大役,卿且为朕优恤兵民。'元符元年,工部言:'淮南开河,所开修楚州支家河,导涟水与淮通。'赐名'通涟河'。初,楚州沿淮至涟州风涛险,舟多溺,议者谓开支氏渠引水入运河,岁久不决,发运使王宗望始成之,为公私利。"(清·卫哲治等修,清·叶长扬等纂《乾隆淮安府志·河防》)宋神宗元丰七年(1084),重点疏浚了从真州(在今江苏仪征)到楚州(在今江苏淮安)之间的运河,又在楚州境内开挖了楚州新河,疏浚真楚运河。开挖楚州新河既与加强漕运相关,也与淮盐输出相关。此外,宋哲宗元符元年(1098),为加强涟州、海州等地的海盐外运,建成了自楚州至涟州及连通海州的支家河。起初,从楚州到涟州主要走淮河航线,为了避开"楚州沿淮至涟州风涛险",在发运使王宗望的主持下兴修了运盐河支家河。

支家河又称"支氏河",是江淮运盐河建设的重要工程。史称:"楚州沿淮至涟州,风涛险,舟多溺。议者谓开支氏渠引水入运河,岁久不决,宗望始成之,为公私利。"(《宋史·王宗望传》)元符元年三月,宋哲宗赐名后改称"通涟河"。这条运盐河在避开淮河风险的同时,加强了楚州、涟州和海州之间的联系,史有"疏支家河通漕,楚、海之间赖其利"(《宋史·吴居厚传》)之说可证。支家河提高了涟州、海州等地海盐的输出能力,成为淮、海之间的黄金航线。

需要补充说明的是,宋代江淮之间的运盐河建设是与海塘建设联系在一起的。史称:"淳熙三年四月,诏筑泰州月堰,以遏潮水。从守臣张子正请也。八年,提举淮南东路常平茶盐赵伯昌言:'通州、楚州沿海,旧有捍海堰,东距大海,北接盐城,袤一百四十二里。始自唐黜陟使李承实所建,遮护民田,屏蔽盐灶,其功甚大。历时既久,颓圮不存。至本朝天圣改元,范仲淹为泰州西溪盐官日,风潮泛溢,渰没田产,毁坏亭灶,有请于朝,调四万余夫修筑,三旬毕工。遂使海濒沮洳泻卤之地,化为良田,民得奠居,至今赖之。自后浸失修治,才遇风潮怒盛,即有冲决之患。自宣和、绍兴以来,屡被其害。阡陌洗荡,庐舍漂流,人畜丧亡,不可胜数。每一修筑,必请朝廷大兴工役,然后可办。望令淮东常平茶盐司:今后捍海堰如有塌损,随时修葺,务要坚固,可以经久。'从之。"(《宋史·河渠志七》)为保护江淮产盐区的安全,宋代统治者多次兴修捍海堰即海塘。

海塘除了可以遏制潮水,保护当地的民田及盐灶外,还有保护运盐河的作用。因运盐河是运河的一部分,故需要重新建构与运河、漕运的关系。史称:"时范仲淹安抚江、淮,亦以疏通盐利为言,即诏知制诰丁度等与三司使、江淮制置使同议。皆谓听通商恐私贩肆行,侵蠹县官,请敕制置司益漕船运至诸路,使皆有二三年之蓄;复天禧元年制,听商人入钱粟京师及淮、浙、江南、荆湖州军易盐;在通、楚、泰、海、真、扬、涟水、高邮贸易者毋得出城,余州听诣县镇,毋至乡村;其入钱京师者增盐予之,并敕转运司经画本钱以偿亭户。诏皆施行。"(《宋史·食货志下四》)宋仁宗明道二年(1033),范仲淹"以疏通盐利为言"表明,只有疏通自运盐河入运河的航线,才能恢复宋真宗天禧元年(1017)的旧制,即"听商人入钱粟京师及淮、浙、江南、荆湖州军易盐"的制度。在这中间,从"其入钱京师者增盐予之,并敕转运司经画本钱以偿亭户"等中不难发现,实现淮盐税收是由转运司"经画"的,这里明确地表达了将盐运纳入漕运序列的意图,同时也表明,只有实现运盐河与运河之间的互通,才有可能解决淮盐输出受阻等问题。

崇宁二年(1103),宋徽宗兴修遇明河,开通了自真州宣化入江口至泗州(在今江苏盱眙)的航线。史称:"崇宁二年,诏淮南开修遇明河,自真州宣化镇江口至泗洲淮河口。五年,工毕。"(清·卫哲治等修,清·叶长扬等纂《乾隆淮安府志·河防》)兴修遇明河的目的是为了建立一条快捷的漕运通道,但同时也与方便淮盐输出及建立荆湖等地的行盐区有着不可分割的关系。史称:"明道二年,参知政事王随建言:'淮南盐初甚善。自通、泰、楚运至真州,自真州运至江、浙、荆湖,纲吏舟卒,侵盗贩鬻,从而杂以沙土。涉道愈远,杂恶殆不可食,吏卒坐鞭笞,徒配相继而莫能止。比岁运河浅涸,漕挽不行,远州村民,顿乏盐食;而淮南所积一千五百万石,至无屋以贮,则露积苦覆,岁以损耗。又亭户输盐,应得本钱或无以给,故亭户贫困,往往起为盗贼,其害如此。愿权听通商三五年,使商人入钱京师,又置折博务于扬州,使输钱及粟帛,计直予盐。盐一石约售钱二千,则一千五百万石可得缗钱三千万以资国用,一利也;江、湖远近皆食白盐,二利也;岁罢漕运糜费,风水覆溺,舟人不陷刑辟,三利也;昔时漕盐舟可移以漕米,四利也;商人入钱,可取以偿亭户,五利也。'"(《宋史·食货志下四》)在"淮南盐初甚善"之时,盐运遭受破坏的主要原因是"纲吏舟卒,侵盗贩鬻,从而杂以沙土"。后来,出现"比岁运河浅涸,漕挽不行,远州村民,顿乏盐食"以后;盐运受阻则与运河不通有关。

江淮运河与运盐河之间存在着相互为用的关系。宋孝宗淳熙九年(1182),淮南漕臣钱冲之在上疏中写道:"真州之东二十里,有陈公塘,乃汉陈登浚源为塘,用救旱饥。大中祥符间,江、淮制置发运置司真州,岁藉此塘灌注长河,流通漕运。其塘周回百里,东、西、北三面,倚山为岸,其南带东,则系前人筑垒成堤,以受启闭。废坏岁久,见有古来基趾,可以修筑,为旱干溉田之备。凡诸场盐纲、粮食漕运、使命往还,舟舰皆仰之以通济,其利甚博。"(《宋史·河渠志七》)从"凡诸场盐纲、粮食漕运、使命往还,舟舰皆仰之以通济"等语中可进一步证明:江淮运河与运盐河建设是联系在一起的。进而言之,运盐河虽为运盐而建,但有漕运及商贸等功能,反过来说,运河虽然为漕运及商贸而建,但同时有运盐的功能。两者相互为用,在江淮之间建构了丰富的水上交通运输体系。

元代,江淮运盐河建设与运河建设的关系更为紧密,扬州运河甚至被称为"盐河"。史称:"仁宗延祐四年十一月,两淮运司言:'盐课甚重,运河浅涩无源,止仰天雨,请加修治。'明年二月,中书移文河南省,选官泊运司有司官相视,会计工程费用。于是河南行省委都事张奉政及淮东道宣慰司官、运司官,会州县仓场官,遍历巡视,集议:河长二千三百五十里,有司差濒河有田之家,顾倩丁夫,开修一千八百六十九里;仓场盐司不妨办课,协济有司,开修四百八十二里。运司言:'近岁课额增多,而船灶户日益贫苦,宜令有司通行修治,省减官钱。'省臣奏准:诸色户内顾募丁夫万人,日支盐粮钱二两,计用钞二万锭,于运司课及减驳船钱内支用。差官与都水监、河南行省、淮东宣慰司官专董其事,廉访司体察,枢密院遣官镇遏,乘农隙并工疏治。"(《元史·河渠志二》)如果以延祐元年(1314)为整治扬州运河的起点,那么,延祐四年(1317)十一月和延祐五年(1318)二月解决"运河浅涩无源"等问题则标志着扬州运河进入全程治理的新阶段。在这中间,动员运盐的船户及生产食盐的灶户"开修四百八十二里"运盐河一事表明,运盐河已纳入扬州运河兴修的范围。进而言之,两淮盐运与漕运相辅相成,同样关系政治稳定和社会稳定的大问题。

盐税是元王朝财赋收入的重要组成部分,一旦动摇将会影响到社会的稳定。史称:"国之所资,其利最广者莫如盐。……至元十三年既取宋,而江南之盐所入尤广,每引改为中统钞九贯。二十六年,增为五十贯。元贞丙申,每引又增为六十五贯。至大己酉至延祐乙卯,七年之间,累增为一百五十贯。"(《元史·食货志二》)所谓"江南之盐所入尤广",主要指征榷淮盐。"江南之盐"指浙盐和淮盐,如果比较两者的税收,当知浙盐缴纳的税收远低于淮盐。淮盐的地位超过浙盐并成为重点征榷的对象,主要有三个原因:一是受自然条件的限制,浙盐的品质一直不如淮盐,淮盐更容易受到商人的欢迎;二是江淮之间有四通八达的交通网络,如有与运河相通的运盐河,商人至此可最大限度地降低经营海盐的成本;三是当政治中心建在北方需要漕运支持时,无论是实行"海漕"还是开通京杭大运河,江淮始终是漕运必经之地。可以说,交通便利及经营成本低廉也为淮盐崛起奠定了基础。

从汉代到明代前,淮盐集散地主要有扬州和淮浦两大中心。明清两代,在原有的基础上形成了泰州(在今江苏泰州)、通州(在今江苏通州)和淮安三个集散中心。三个集散中心的腹地是"淮南盐场"和"淮北盐场"。无论是淮南盐场,还是淮北盐场,其地理区位均在淮河下游三角洲,均可以"淮南"相称,只是出于管理方面的需要,将位于淮南南部的盐场统称为"淮南盐场",将位于淮南盐场北部的盐场统称为"淮北"。

明代兴修江淮之间的运盐河与宋元两代的情况大体相同,继续疏浚运盐河,建立与运河的互通关系。一是在前人的基础上改造通往海州的运盐河——支家河,其中,明太祖洪武二十七年(1394),有"浚山阳支家河"(《明史·河渠志六》)之举;明成祖永乐三年(1405),有"浚淮安府运盐河一十八里,浚淮安府支家河长一万一千九百七十丈"(清·卫哲治等修,清·叶长扬等纂《乾隆淮安府志·河防》)之举;明武宗正德十年(1515),有"开支家河接涟水,建批验引盐所于此"(清·卫哲治等修,清·叶长扬等纂《乾隆淮安府志·城池》)之举,将支家河从涟水延长到淮安府城的河北镇(在今江苏淮安河下镇)。在长达一百二十多年的时间里,明代统治者不断兴修支家河,说明在淮盐输出的历史进程中,涟水及海州生产的海盐在淮盐中占有重要的地位;而重点疏浚江淮与运盐河相连的运河表明,只有运盐河与运河畅通,才能有效地降低淮盐输出的成本,为输粮入边及"中盐"提供便利的条件。所谓"中盐",是指商人输粮等入边,换取相应数额的盐引(官府颁发的运销食盐的许可证),并凭盐引领取行销区域。明代"中盐"经历了"纳粟中盐"到"纳银中盐",再到建立"纲盐"制度等阶段。

明代"中盐"上承宋元两代,宋元时期召商入粟"中盐"是明代推行"纳粟中盐"的前因。宋太宗以"交引"的方式鼓励商人输粮入边,商人取得"交引"后,可凭证券到指定的地点兑换现金或包括食盐在内的货物等,并因此在商贸活动中谋取利益,史有"河北又募商人输刍粟于边,以要券取盐及缗钱、香药、宝货于京师或东南州军,陕西则受盐于两池,谓之入中"(《宋史·食货志上三》)之说。元代继承了宋代的做法,继续推行召商输粮入边"中盐"之策,史有"行省复请令商贾入粟中盐,富家纳粟补官"(《元史·文宗纪二》)之说。明代以后,延续了宋元时期的召商"中盐"之策,商人按规定将相当数量的粮食运往边地并验收后,可以获得相应的盐引及食盐行销权。明王朝推行这一盐政缓解了边防方面的军需压力。

清袭明制,两淮都转盐运使司设在扬州,扬州下设泰州、淮安、通州三座分司,负责管理淮南、淮北盐场事务。经过长期的建设,运司与分司之间有运盐河相通,分司与各盐场之间有运盐河相通,运盐河与运河相通。在此基础上,江淮区域的运盐河与运河共同构成了四通八达的水上交通网。

这里仅以扬州运司与三分司的关系及运盐河及运河之间的互通情况为例,同时以《清史稿·地理志》为证。扬州领二州六县,二州是高邮、泰州,六县是江都、甘泉、扬子、兴化、宝应、东台,这些地方或位于从扬州到淮安的运河主干线上,或位于运盐河沿线。

泰州是盐运分司所在地,自江都东北行可至泰州,史有"盐河导运河水东北入泰州,白塔龙儿河水注之"(《清史稿·地理志五》)之说,又有"里下河自泰州环城北流,又东溢为支河入海"(《清史稿·地理志五》)之说。东台(在今江苏盐城东台)有与泰州相通的运盐河,史有"盐河出县西海道沱,西南流,错出复入,至淤溪入泰州"(《清史稿·地理志五》)之说。泰州除了有运盐河与江都、扬州等地相通外,还可经运盐河、串场河入淮安属县盐城,或可自运盐河经东台至通州属县如皋,如史有"盐河西自江都入,夹城东流,一曰里下河,有溱潼水注之。至白米镇,左通串场河,右出支津,入泰兴。又东径海安镇,左歧为界河,东南入如皋。盐河东北自东台入,西南流,径淤溪达鳅鱼港,又西南与之合。有泰坝,泰州分司运判驻"(《清史稿·地理志五》)之说。

此外,淮盐重要产地兴化有运盐河与盐城相通,经运盐河至宝应可入运河,如史家有兴化"东:大海,有堤。盐河并堤流,西受界河、海沟、横泾诸水,东出为大团河、八灶、七灶河,东北会斗龙港,入于海。有刘庄、草堰、丁溪三场,盐课大使驻。北有吴公湖、苔大踪湖,与盐城、宝应错"(《清史稿·地理志五》)之说。经苔大踪湖等可至宝应入运河,史有宝应"运河北自山阳入,径八口铺,东溢为瓦沟溪。又南流,径汜水镇,至界首,有界首湖,入高邮。其西宝应湖,汇淮流下潴之水。苔大踪湖东北,周二百里,分支入运河"(《清史稿·地理志五》)之说。盐城、如皋、东台、兴化等是淮盐的重要产地,由运河与运盐河构成的交通体系将扬州与泰州分司及淮南、淮北的盐场串连起来,形成四通八达的航线。

淮盐自海州外运加强了涟州的中转地位。具体地进,自涟州沿运盐河东行可抵海州,又可沿通往桃源(在今江苏泗阳)的运盐河至宿迁(在今江苏宿迁),还可沿北盐河直接到沭阳(在今江苏沭阳),史有涟州"西南盐河自清河入,贯县境,入海州,与六塘河合。东北:一帆河自海州入,南至旗杆村。水经,淮水东左右各合一水,至淮浦入海。……运河自宿迁南来,径古城驿,入清河,歧为六塘河,一曰北盐河,东北流入沭阳"(《清史稿·地理志五》)之说。

起初,盐城的盐场隶属淮安分司,盐场隶属关系调整后归泰州分司管辖。从交通形势上看,盐城主要有面向淮安和扬州的两条航线:盐场归淮安分司管辖时,面向淮安的运盐河比较繁忙;归泰州分司管辖时,面向扬州及泰州的运盐河比较繁忙。盐城所产之盐的销售区域因盐场隶属关系变化也发生了变化:属淮安分司时,行盐区面向安徽、河南等地;属泰州分司后,行盐区面向湖广等地。四通八达的运盐河加强了盐城与淮安、泰州和扬州等地的联系。具体地讲,盐城有经阜宁至淮安府治山阳的运盐河,入山阳后与运河相通,史有"射阳湖上承苔大纵湖水,汇淮水为湖,又东流,会诸水入海。运盐河受射阳湖水,径城南流,循范公堤入盐城"(《清史稿·地理志五》)之说。庙湾镇初属山阳县,在中转盐城各盐场的海盐时成为繁忙的水运码头。根据这一情况,雍正九年(1731),清世宗析山阳、盐城两县,以庙湾为治所建阜宁县。此外,自盐城沿运盐河南行经便仓(在今江苏盐城便仓镇)可进入兴化,史有"运盐河自草堰口环城流,至便仓镇入兴化。苔大纵湖西南与兴化错。县西诸水所汇"(《清史稿·地理志五》)之说,至兴化后可入运河到宝应、高邮等地,并进入扬州或泰州等地。

通州亦是盐运分司的所在地,史有"通州分司运判驻石港,税课大使亦驻。南:大江西自如皋入,东行达老洪港,会于海。盐河自如皋西入江,东分流,循城而南,又东入于海"(《清史稿·地理志五》)之说。石港在通州西城,史有"在通州西城隅者,曰通州分司"(《嘉靖两淮盐法志·署宇志》)之说。通州除了有入江入海的航线外,又有至如皋的运盐河,这条运盐河与运河交织在一起,加强了通州与扬州、淮安等地的交通联系。史家交代如皋的水上交通形势时有"大江西自靖江入,又东入通州,北通运盐河。河西北自泰州入,循城南,分为二。一南流入江。一东径丁堰,又分流,至岔河,为盐场诸水。又南流,径白蒲镇入通州"(《清史稿·地理志五》)之说。

考察江淮运盐河建设,可发现其主要有三个特点。一是在充分利用淮河下游及支流形成的湖泊和自然水道的基础上,兴修了贯穿产盐区及盐场的运盐河。如山阳、宝应、高邮、阜宁之间有淮河下泄时形成的白马湖、宝应湖、高邮湖、射阳湖等,涟州、海州境内有淮河下泄时的水道和支流,由于这些湖泊本身就有与淮河下游各条支流相连的水道,只要稍加修整便可供运盐使用。进而言之,历代兴修山阳、宝应、高邮、阜宁、盐城、兴化、涟州、海州等之间的运盐河,主要利用了淮河下泄时形成的湖泊或河流。二是利用了江潮在长江以北形成的湖泊和自然水道。如长江自靖江入通州及泰州时一分为二,在此基础上形成了"一东径丁堰,又分流,至岔河,为盐场诸水。又南流,径白蒲镇入通州"的水道,这一水道在串连通州、泰州盐场的同时,又串连起淮安分司下辖的盐场。三是各盐场之间的运盐河与运河建设交织在一起,为淮盐输出即淮盐南下和北上创造了良好的环境。

  运河与自然水道黄河、长江、淮河等实现互通后,扩大了漕运的范围。漕运有广义和狭义之分。广义的漕运指水运,凡水运皆可以"漕"相称。如鲁僖公十三年(前647),为救晋国发生的粮荒,秦国发动了"泛舟之役"。《左传·僖公十三年》云:"秦于是乎输粟于晋,自雍及绛相继,命之曰泛舟之役。"司马迁亦记载道:"于是用百里傒、公孙支言,卒与之粟。以船漕车转,自雍相望至绛。"(《史记·秦本纪》)所谓"泛舟之役",是指晋国发生饥荒后向秦国请求救助,在百里傒等人的建议下,秦国从水路调粮入晋。又如《战国策·魏策一》交待魏国及大梁地理形势时有"南与楚境,西与韩境,北与赵境,东与齐境,卒戍四方,守亭障者参列,粟粮漕庾不下十万"语,鲍彪注:"漕,水运。庾,水漕仓。"(鲍彪《战国策注》)又如汉宣帝时赵充国有"臣前部士入山,伐材木大小六万余枚,皆在水次。……冰解漕下"语,颜师古注:"漕下,以水运木而下也。"(《汉书·赵充国传》)据此可知,凡水运皆可以"漕"相称。狭义的漕运,初指由国家出面组织的利用运河及自然水道运粮和运兵的行为。如隰朋奉齐国君主之命,沿齐运河入黄河到赵国进行粮食贸易活动,故《管子·轻重戊》有"齐即令隰朋漕粟于赵"(《管子今诠·轻重戊》)之说。又如吴王夫差开邗沟,沟通江淮。《左传·哀公九年》云:"秋,吴城邗,沟通江淮。"邗沟开通后,为吴国北上与齐国争霸提供了强有力的后勤支援。如《太平御览》引《吴越春秋》佚文:"吴将伐齐,自广陵掘沟通江淮。"(《太平御览·州郡部十五》)郦道元亦记载道:"昔吴将伐齐,北霸中国,自广陵城东南筑邗城,城下掘深沟,谓之韩江,亦曰邗溟沟,自江东北通射阳湖。《地理志》所谓渠水也,西北至末口入淮。"(《水经注·淮水》)邗沟在运兵运粮中起到了重要的作用,并帮助吴军确立了战胜齐军的优势。

  汉代以后的漕运主要有十个方面值得关注。

  第一,从水路调集租米及赋税等入京,以保证京师地区的粮食安全和政治稳定。汉王朝走上社会安定、经济发展的繁荣之路有多方面的原因,其中很重要的一条便是加强漕运。具体地讲,关中是四塞之地,物产有限,进入和平发展期以后,人口快速增长。马端临论述道:"汉初,致山东之粟,不过岁数十万石耳。至孝武,而岁至六百万石,则几十倍其数矣。"(《文献通考·国用考三·漕运》)关中人口大幅度地增长,对粮食的需求空前扩大。

第二,开拓疆土及平定叛乱需要以漕运的方式向边地运粮及军用物资。汉初,每年调运关东的粮食只有数十万石,到了汉武帝元狩四年(前119)猛增到四百万石,史有"岁漕关东谷四百万斛以给京师"(《汉书·食货志上》)之说。到了元封元年(前110)已高达六百万石,史有"山东漕益岁六百万石"(《史记·平准书》)之说。岁运增加,一方面与关中人口增长等因素相关,另一方面则与汉武帝开辟西北战场打击匈奴相关。此外,隋唐两代为平定辽东,从永济渠向东北方向运兵运粮,为稳定辽东以远的政治局势做出了重要的贡献。史称:"大业七年,征辽东,炀帝遣诸将,于蓟城南桑干河上,筑社稷二坛,设方墠,行宜社礼。"(《隋书·礼仪志三》)大战之前,隋炀帝到蓟城南桑干河上建社稷坛"行宜社礼",明确地表达了平定辽东的决心和意志。

第三,漕运通道又是商贸往来的大通道,在稳定国家政治秩序、经济秩序等方面负有特殊的使命。如永济渠以白沟为基础,沿途纳入淇水、漳水等河流,同时又以清河、屯氏河、沽河、桑干河等为借用运道,将航线延长到涿郡一带,带动了沿线社会经济的发展。又如唐玄宗在长安建漕运码头广运潭,明确地表达了漕通四方的意图。史称:"又于长乐坡濒苑墙凿潭于望春楼下,以聚漕舟。坚因使诸舟各揭其郡名,陈其土地所产宝货诸奇物于栿上。……众艘以次辇楼下,天子望见大悦,赐其潭名曰广运潭。是岁,漕山东粟四百万石。"(《新唐书·食货志三》)又称:"坚预于东京、汴、宋取小斛底船三二百只置于潭侧,其船皆署牌表之。若广陵郡船,即于栿背上堆积广陵所出锦、镜、铜器、海味;丹阳郡船,即京口绫衫段;晋陵郡船,即折造官端绫绣,会稽郡船,即铜器、罗、吴绫、绛纱;南海郡船,即玳瑁、真珠、象牙、沉香;豫章郡船,即名瓷、酒器、茶釜、茶铛、茶椀;宣城郡船,即空青石、纸笔、黄连;始安郡船,即蕉葛、蚺蛇胆、翡翠。船中皆有米,吴郡即三破糯米、方丈绫。凡数十郡。驾船人皆大笠子、宽袖衫、芒屦,如吴、楚之制。"(《旧唐书·韦坚传》)在广运潭漕运码头停泊的船只来自全国各地,其中,标明起始地的漕船涉及广陵郡、丹阳郡、晋陵郡、会稽郡、南海郡、豫章郡、宣城郡、始安郡、吴郡等地,在漕船上展示的手工业制品有玉器、铜器、绫缎、瓷器、酒器、茶具、笔墨、纸张等。将来自各地的手工业制品等堆放于停泊在广运潭码头的船只上,虽有精心策划的色彩,但从一个侧面说明了漕运繁荣了社会经济,甚至促进了海外贸易的发展。如南海郡的象牙是通过海外贸易获取的,从南海郡献象牙一事中当知,关中与其他不同区域的运河及黄河水道等串连在一起,成功地扩大了漕运的范围,同时也加快了商品流通的速度,为长安再度成为国际贸易中心城市奠定了坚实的基础。

第四,因漕运建造的水次仓即沿岸建造的中转仓,既可以在国家战时就地运兵运粮至前线,也可以就近赈灾放粮。具体地讲,在吸收北魏建邸阁仓经验的基础上,隋文帝制定了在航段节点或河口建造水次仓的制度,大大地方便了漕运。其中,黎阳仓建在永济渠与淇水及黄河交汇的河口,广通仓(永丰仓)建在广通渠与渭水及黄河交汇的河口,太原仓(常平仓)建在自黄河进入渭水之前的航段节点上。稍后,隋炀帝在营造东都洛阳时在其周边兴建水次仓,有意识地将洛口仓(兴洛仓)、回洛仓、含嘉仓、河阳仓等建在通济渠与洛水、黄河交汇的河口,进一步提升了水次仓在漕转中的作用。史称:"及隋亦在京师,缘河皆有旧仓,所以国用常赡。"(《旧唐书·食货志下》)这些建在不同区域的水次仓,最大限度地方便了运兵运粮,同时也有利于就近赈灾放粮,应对荒年。

第五,盐运是漕运的一部分,自春秋时期齐国实行盐铁官营以后,盐税一直是保证国用的重要途径。历代征收盐税有不同的情况,不过,至德元年(756),唐肃宗令第五琦在全国各道设榷盐机构即盐业专卖专营机构,从此,榷盐成为解决非常之需的基本途径,史有"又至德初,为国用不足,令第五琦于诸道榷盐以助军用"(《旧唐书·刘晏传》)之说。唐代在十五道建榷盐机构,将全国分成十五个食盐专卖专营区。继第五琦制定盐法以后,刘晏临危受命,具体负责东南漕运及盐铁专营事务。刘晏出任盐铁使以后,在肯定民产、官收的基础上,将官运、官销改为商运、商销,在调动商人参与运销积极性的同时,又将官府从烦琐的盐运盐销的事务中解放出来。史称:"盐铁使刘晏以为因民所急而税之,则国足用。于是上盐法轻重之宜,以盐吏多则州县扰,出盐乡因旧监置吏,亭户粜商人,纵其所之。江、岭去盐远者,有常平盐,每商人不至,则减价以粜民,官收厚利而人不知贵。晏又以盐生霖潦则卤薄,暵旱则土溜坟,乃随时为令,遣吏晓导,倍于劝农。"(《新唐书·食货志四》)刘晏制订新的盐法益处有三:一是防止盐吏即监管盐业生产的官吏与亭户及商人勾结,逃避税收,行走私之事;二是针对岭南等因产盐区偏远而商人不愿前往经销等情况,由官府直接用低于商销的价格售盐,这样一来可以取得"官收厚利而人不知贵"的效果;三是针对"盐生霖潦则卤薄,暵旱则土溜坟"等情况,"遣吏晓导"即提供技术来提高生产效率。在这中间,因东南是榷盐和漕运重地,为了增加中央财政收入及以盐利保漕运,刘晏重点改革了东南盐政。洪迈记载道:"唐世盐铁转运使在扬州,尽斡利权,判官多至数十人,商贾如织。故谚称'扬一益二',谓天下之盛,扬为一而蜀次之也。"(《容斋随笔·唐扬州之盛》)在扬州设盐铁转运使的目的有二:一是以扬州为中转地加强东南漕运;二是将淮盐和浙盐纳入国家财政及税收的范围。史称:"吴、越、扬、楚盐廪至数千,积盐二万余石。有涟水、湖州、越州、杭州四场,嘉兴、海陵、盐城、新亭、临平、兰亭、永嘉、大昌、侯官、富都十监,岁得钱百余万缗,以当百余州之赋。自淮北置巡院十三,曰扬州、陈许、汴州、庐寿、白沙、淮西、甬桥、浙西、宋州、泗州、岭南、兖郓、郑滑,捕私盐者,奸盗为之衰息。然诸道加榷盐钱,商人舟所过有税。晏奏罢州县率税,禁堰埭邀以利者。晏之始至也,盐利岁才四十万缗,至大历末,六百余万缗。天下之赋,盐利居半,宫闱服御、军饷、百官禄俸皆仰给焉。"(《新唐书·食货志四》)这一记载详细地叙述了刘晏改革东南盐政的情况,强调了征榷淮盐的重要性。如江浙有良好的水上交通条件,以此为依据,刘晏在吴、越、扬、楚等地建立了涟水、湖州、越州、杭州四大盐场,试图通过完善其生产体系,为征榷淮盐和浙盐创造必要的条件。在重点监管东南四大盐场产销的同时,为提高商人参与盐运和经销的积极性,废除诸道自行设置的关卡,在提高效率的同时,降低商运成本。经此,刘晏在重点征榷淮盐的基础上取得了"天下之赋,盐利居半"的成果,史有"大历末,通计一岁征赋所入总一千二百万贯,而盐利且过半"(《旧唐书·刘晏传》)的成果,盐税支撑起唐王朝财政的半壁江山。

第六,漕运在改朝换代中负有特殊的使命。具体地讲,楚汉之争时,漕运方向是自关中向关东。史称:"关中事计户口转漕给军,汉王数失军遁去,何常兴关中卒,辄补缺。"(《史记·萧相国世家》)萧何以关中为大本营,采用水陆联运的方法将粮食及战略物资运往关东,为刘邦战胜项羽提供了强有力的后勤支援。在推翻元王朝的过程中,明太祖朱元璋利用运河建立了支援北伐、运江南钱粮北上的漕运通道。史称:"洪武元年北伐,命浙江、江西及苏州等九府,运粮三百万石于汴梁。已而大将军徐达令忻、崞、代、坚、台五州运粮大同。中书省符下山东行省,募水工发莱州洋海仓饷永平卫。其后海运饷北平、辽东为定制。其西北边则浚开封漕河饷陕西,自陕西转饷宁夏、河州。"(《明史·食货志三》)北伐有北上和西进两个战略目标,在这中间,徐达取江南钱粮建立了以汴梁(在今河南开封)为中心的漕运中转站。具体地讲,为打击元军,徐达以汴梁为中转站运粮到山西大同。这一时期,调集江南钱粮支援统一战争是漕运的基本特点。史称:"明洪武元年决曹州双河口,入鱼台。徐达方北征,乃开塌场口,引河入泗以济运,而徙曹州治于安陵。塌场者,济宁以西、耐牢坡以南直抵鱼台南阳道也。"(《明史·河渠志一》)徐达"浚开封漕河饷陕西""引河入泗以济运"可以视为明代漕运之始,尽管这一漕运通道只是临时性的通道,目的是为了解决眼前的事情,主要利用了黄河和泗水河道,因此不能算是严格意义上的开挖运河的行为。

第七,海运是漕运的特殊形式,故海运有"海漕"之说。在元王朝残余势力退往大漠及李氏朝鲜侵扰辽东的局面形成后,为了加强北方防务,明王朝建立了以北平(在今北京)和辽东为终点的海运通道,史有"其后海运饷北平、辽东为定制"(《明史·食货志三》)之说。又有明成祖永乐元年(1403)"平江伯陈瑄、都督佥事宣信充总兵官,督海运,饷辽东、北京"(《明史·成祖纪二》)之说。这些举措表明,会通河淤塞后南北漕运航线不通,为加强北方防务亟须输粮北上,在迫不得已的情况下沿用了元代的海运之策。史称:"永乐元年,平江伯陈瑄督海运粮四十九万余石,饷北京、辽东。二年,以海运但抵直沽,别用小船转运至京,命于天津置露囤千四百所,以广储蓄。四年定海陆兼运。瑄每岁运粮百万,建百万仓于直沽尹儿湾城。"(《明史·河渠志四》)明成祖朱棣夺取皇位后迁都北京是在永乐十九年(1421),因朱棣迁都前与朱元璋在位期间的情况大体相同,故可将其视为是加强北方防务的延续。这一时期的海漕主要有两个接运点:一是从直沽尹儿湾城(在今天津)上岸转入通惠河,为北平提供亟须的战略物资;一是从盖州卫(在今辽宁营口盖县)梁房口关和金州卫(在今辽宁大连)旅顺口关上岸,为经营辽东提供必要的战略支援。史有"又西北有梁房口关,海运之舟由此入辽河"(《明史·地理志二》)之说,又有"又旅顺口关在南,海运之舟由此登岸"(《明史·地理志二》)之说。

第八,漕运与屯戍关系密切,在边地屯戍的优点是可以"省漕"。汉宣帝即位后,在匈奴的鼓动下,以先零羌为首的诸羌发动叛乱。根据形势变化,赵充国提出了加强河西屯戍的对策,目的是解决戍边将士每月"用粮谷十九万九千六百三十斛,盐千六百九十三斛,茭藁二十五万二百八十六石"(《汉书·赵充国传》)的难题。当时,漕运负担沉重,史有"今张掖以东粟石百余,刍槀束数十。转输并起,百姓烦扰"(《汉书·赵充国传》)之说。为了避免"烦扰"百姓,赵充国提出了"罢骑兵"及屯戍的主张。他的考量有以下几点:一是军马消耗的粮草远远地超过了士兵,如果"罢骑兵"转为屯戍,可以减少粮草消耗,化解因"徭役不息"带来的负担;二是河西有良好的屯田条件,骑兵转为屯戍后,可与"留驰刑应募""及淮阳、汝南步兵与史士私从者者"一道"分屯要害处",安境保民;三是利用现有的条件建立新的屯戍秩序,在"益积畜,省大费"即降低漕运消耗的过程中,加强军备;四是在河西开辟湟水航线,建立"循河湟漕谷至临羌"(《汉书·赵充国传》)的漕运通道。

第九,漕运包括以水运为主的水陆联运。如唐代李杰任水陆运使以后,重点修复了联系江淮的漕运通道。史称:"开元二年,河南尹李杰奏,汴州东有梁公堰,年久堰破,江淮漕运不通。发汴、郑丁夫以浚之。省功速就,公私深以为利。"(《旧唐书·食货志下》)然而仅仅修复联通江淮的漕运通道是不够的,因此时的黄河漕运走三门峡受阻,为此需要开辟陆路运道绕过三门峡。在这中间,为解决陆运时遇到的困难,李杰采取了四大措施:一是在洛阳含嘉仓至陕州太原仓之间的崤函古道上建造了八个递场即八个接运场,规定每递之间的距离为四十里;二是在分段接运的基础上,将陆运分为前后两组;三是规定起止时间,从入冬十月起运到到十一月底结束,全部陆运在两个月内完成;四是规定每递用车用牛的数量。唐代交通工具以牛车为主,一牛拉一车,用车八百乘指用八百辆牛车。入冬起运的目的是为了利用农闲的时间,不影响农业生产,而分段接运的目的是减轻长途运输中的劳累,提高效率。实行此策后,改善了陆运不济的局面,实现了年运"八十万石,后至一百万石"的目标。天宝七年(748),又通过增加车辆和延长时间等,达到了岁运"满二百五十万石"的水平。天宝九年(750)九月,河南尹裴迥为改变递重"伤牛"等情况,又在两递场之间的近水处建立供民运休息的"宿场",并派官员监督和防止盗窃。此外,元明两代在京杭大运河开通以前亦采取水陆联运之策,史称:"元、明都燕京,元行海运,而其初亦涉江入淮,由黄河逆水至中滦,陆运至淇门入御河(即卫河),以达京师。明永乐中,亦运至陈州,载入黄河至新乡,入柳树等处,令河南车夫运赴卫河。盖以河运兼陆运,而其时,则又以卫河为急。自元都燕,而汴河几废。明世,会通河成,而东南重运,悉由淮北、山东至

临清,合卫河,以达于天津。"(《河南通志·漕运》)

第十,历朝历代为加强漕运采取了一系列的措施,现择其大要而归纳之,有八个方面:一是汉代以后,漕运官员经历了从兼职到专职的变化,职官制度建设出现越来越细密的情况,如唐代设转运使以后,宋代又分设转运使和发运使;二是自三国孙吴沿破冈渎建"邸阁"(《三国志·吴书·吴主传》),晋及南北分治时期沿漕路建邸阁以后,隋文帝为实现分级接运的构想建造了水次仓,此后,历代漕运均重视水次仓的建设;三是水次仓建设不仅仅是仓廪建设,更重要的是管理制度建设,在这一过程中建立了一套严格的出纳管理制度等;四是以水次仓为依托,采用了不同的漕运方式,如宋代漕运主要有分级接运和直运两种形式,又如明代采取长运、兑运、支运等形式进行漕运;五是在一些航段节点建税场或榷关即钞关,以方便征收商税,如宋代在盱眙建税场,又如明清两代沿大运河建榷关;六是重视漕运过程管理,采用各种方式堵塞漕运过程中的漏洞,如规定日航程及上水、下水的时间等,采取措施防止运军盗卖漕粮,又如实行纲运即编船队运漕粮;七是建立一支强大的护漕军队,强化为专制政权服务的意志,如明代漕军有十二万人之众;八是为照顾漕运军士的利益,允许"附载",如明清两代规定了不同的"附载"量,分别有二十四石、六十石、一百二十石等区别,这些沿途搭载的土特产,极大地丰富了南北的商贸市场。以上所述只是漕运时采取的一些措施,当然远不止这些,这里不再一一叙述。

张　强

2019 年 1 月

张强,1956 年 10 月出生,江苏沭阳人,文学博士,淮阴师范学院教授,南京师范大学文艺学博士生导师,苏州大学中国古代文学博士生导师。在学术团体中,先后担任中国《史记》学会副会长、中国屈原学会副会长、中国《诗经》学会常务理事、中国诗词吟唱学会常务理事、江苏省明清小说研究会副会长等职,并兼任《中国文学年鉴》《古籍整理研究学刊》等编委。长期从事中国古代文史、文艺理论、运河与漕运研究等,主持和完成多项国家省部级以上科研项目,曾在《文艺研究》《文学遗产》《光明日报》(理论版、国学版)、《北京大学学报》《南京大学学报》《社会科学战线》《江海学刊》等期刊发表论文二百余篇,论文多次被《新华文摘》《中国社会科学文摘》《高校文科学报文摘》《光明日报》以及人大报刊复印中心多种专题如《中国古代近代文学研究》《先秦秦汉史》《历史学》《中国哲学》《文艺学》等摘录或全文转载。主要著作有《桑文化原论》《司马迁学术思想探源》《司马迁与宗教神话》《人与自然的对话》《宇宙的寂寞——扬雄传》《世俗历史的真实写照——说明清小说》《僧肇大师传》等二十多种,多次获江苏省政府及江苏省高校人文社科优秀成果奖。

目　录

第一编　三国编

概　述 ·· 3

第一章　曹魏形势与河渠建设及漕运 ·· 6
　　第一节　定都洛阳与漕运 ··· 6
　　第二节　贾侯渠与漕运及屯戍 ·· 18
　　第三节　讨虏渠与曹丕伐吴 ··· 26

第二章　曹魏汴渠与两淮河渠 ·· 38
　　第一节　石门与汴渠及黄河漕运 ··· 38
　　第二节　广漕渠与屯田及漕运 ·· 49
　　第三节　淮阳渠和百尺渠与屯田及漕运 ·· 59

第三章　洛阳、关中、河北的河渠与漕运 ·· 70
　　第一节　五龙渠与洛阳漕运 ··· 70
　　第二节　成国渠与关中漕运 ··· 77
　　第三节　白马沟与河北诸渠 ··· 80

第四章　孙吴的河渠建设与漕运 ··· 87
　　第一节　建业河渠建设与漕运 ·· 87
　　第二节　兴修横塘栅塘及直渎 ·· 93
　　第三节　破冈渎与漕运考述 ··· 99
　　第四节　秦淮河与破冈渎及破冈 ··· 113

第二编　两晋编

概　述 ·· 123

第一章　西晋黄河流域的河渠建设	125
第一节　魏晋九龙渠考述	126
第二节　晋九龙渠建设考述	130
第三节　车箱渠漕运及其他	137

第二章　江淮河渠与平吴及漕运	142
第一节　平吴与河渠建设及屯田	142
第二节　平吴之役与屯田及漕运	146
第三节　陈敏漕运与贺循修镜湖	154

第三章　杨口水道与江汉漕运	162
第一节　杜预与南阳及江汉漕运	162
第二节　杨水水文概述	168
第三节　杨水入沔河口考述	174
第四节　杨水与夏水及夏口	183

第四章　东晋的河渠建设与漕运	194
第一节　京口与建康漕运形势	194
第二节　王敦兴修江陵漕河	201
第三节　邗沟三次改建考述	204

第五章　北伐与漕运及河渠建设	215
第一节　祖逖北伐与漕运考述	215
第二节　殷浩北伐与淮阴屯田及漕运	220
第三节　桓温北伐与河渠建设	227
第四节　谢玄守江淮与北伐及漕运	235

第三编　南北朝编

概　述	245
第一章　北魏的河渠建设与漕运	246
第一节　牧马与恢复黄河生态	246
第二节　刁雍兴修河渠与发展农业及漕运	250

第二章 孝文帝迁都与漕运 · 255
第一节 孝文帝南征与漕运 · 255
第二节 孝文帝建漕运中转仓 · 260
第三节 重修千金堨及九龙渠 · 264

第三章 南朝漕运与南北之争 · 269
第一节 刘宋建康漕运 · 269
第二节 齐梁陈与建康漕运 · 273
第三节 江淮攻防与漕运 · 278

主要参考文献 · 283
后　记 · 288

第一编 三国编

概　述

黄初元年（220），曹丕代汉建魏，当时的政治版图是：曹魏占据了以黄河中下游地区为主的北方地区，孙吴占据了以长江中下游地区为主的东南地区，蜀汉占据了以巴蜀为主的西南地区。三国之中，曹魏的力量最强，孙吴次之，蜀汉的力量最弱。

针对三国纷争的局面，为保持政治和军事斗争中的优势，曹魏投入了大量的人力、物力和财力兴修河渠。曹魏兴修河渠的历史可以上追溯到建安时期。建安时期，曹操为转运粮草等军用物资在黄河两岸兴修了睢阳渠、白沟等七条河渠，这些河渠串连在一起，在屯田和漕运中发挥了重要作用，确立了曹操在军事斗争中的优势。继承这一既定的国策，曹丕登基后，为加强漕运和屯田，分别兴修五龙渠、贾侯渠、讨虏渠、成国渠、白马沟、鲁口渠、广漕渠、淮阳渠、百尺渠等河渠，在稳定社会秩序和发展经济的同时，为军事斗争提供了快速运兵运粮的通道。进而言之，当军事斗争成为政治斗争的外化形式时，曹魏要占领压倒孙吴、蜀汉的制高点，需要把兴修河渠放在重要的位置上，主要做了六方面的工作：在这中间，一是五龙渠改善了洛阳的漕运条件，提升了洛阳及周边的农田灌溉水平，为发展漕运及保证洛阳的粮食安全创造了条件；二是贾逵镇守豫州时建设有农田灌溉、漕运等综合功能的贾侯渠，既为开发淮河流域提供了必要的条件，同时也为构筑淮河防线与孙吴对峙奠定了坚实的基础；三是兴修讨虏渠以后，建立了一条自淮河流域远及江淮的复式航线；四是重修成国渠以后，构建了自长安至关中西部的水上交通线，为威慑蜀汉提供了强有力的帮助；五是在河北兴修白马沟、鲁口渠等，这些河渠与曹操兴修的河北诸渠连在一起，加强了黄河以北的水上交通，从整体上提升了河北地区的农业生产水平；六是邓艾在淮南、淮北兴修广漕渠、淮阳渠、百尺渠等，为淮南、淮北屯田及发展漕运奠定了坚实的基础。

通过在不同的区域兴修河渠，曹魏实现了建立以洛阳为中心的水上大交通的构想，可以说，这一作为在中国运河建设史上有着特殊的意义，具体表现在四个方面：一是兴修五龙渠等，改善了洛阳一带的漕运环境，重新确立了以洛阳为中心的漕运机制，为隋炀帝建立以洛阳为中心的水陆交通枢纽提供了必要的条件；二是兴修汴渠、石门、贾侯渠、讨虏渠、广漕渠、淮阳渠、百尺渠等，重建了面向江淮的漕运通道，这些河渠为隋炀帝通济渠提供了选择的空间;三是兴修成国渠等,提升了关中漕运的能力,为隋唐进一步兴修关中河渠及发展漕运创造了必要的条件;四是兴修白马渠、鲁口渠等,在加强河北根据地建设的同时,提升了河北至辽东等地的漕运能力,为曹魏取得政治和军事等方面的优势提供了必要的支持,如白马渠、鲁口渠等与五龙渠串联在一起,与黄河航线及河北诸渠互通后,最大限度地提升了河渠在漕运及灌溉中的综合效益。凭借快捷及运输成本低廉的水上交通,可将河北地区的物产源源不断地运往洛阳,同时可将河北的物资及粮草运往与孙吴对峙的淮河防线和与蜀汉对峙的关中防线。从这样的角度看,河北是曹魏遏制蜀汉和孙吴进攻及保持政权稳定的战略支撑点和根据地。在这中间,白马渠、鲁口渠等与曹操兴修的白沟及黄河以北的河渠串联在一起,为隋炀帝兴修永济渠提供了强有力的支撑。

以河渠建设为先导进行屯田是曹魏政权建设的重要组成部分。兴修河渠和屯田结合在一起,稳定了统治区域的社会秩序和经济秩序,有效地解决了粮草匮乏等军需问题,提高了运兵运粮的效率。曹魏屯田肇始于建安元年(196),是年,曹操接受枣祗、韩浩等人的建议,下达屯田令。屯田与兴修河渠成为曹魏长期保持军事斗争优势的法宝。

曹魏屯田和兴修河渠及加强漕运的历史在一定程度上反映了三国政治斗争和军事斗争的历史。曹魏屯田及兴修河渠涉及内地和边地,其中,内地屯田及兴修河渠,在恢复和发展农业的过程中稳定了统治核心区域的社会秩序;边地屯田及兴修河渠,不但为军事斗争提供了充足的粮草及战略物资,缩短了漕运航程,而且稳固了边境错综复杂的形势。如魏明帝一朝,凉州太守徐邈通过募民垦田和兴修河渠,稳定了边地地区的政治秩序和提高了当地的经济发展水平。史称:"明帝以凉州绝远,南接蜀寇,以邈为凉州刺史,使持节领护羌校尉。至,值诸葛亮出祁山,陇右三郡反,邈辄遣参军及金城太守等击南安贼,破之。河右少雨,常苦乏谷,邈上修武威、酒泉盐池以收虏谷,又广开水田,募贫民佃之,家家丰足,仓库盈溢。乃支度州界军用之余,以市金帛犬马,通供中国之费。以渐收敛民间私仗,藏之府库。然后率以仁义,立学明训,禁厚葬,断淫祀,进善黜恶,风化大行,百姓归心焉。西域流通,荒戎入贡,皆邈勋也。"①在与蜀汉对峙的过程中,徐邈屯田不但充实了仓廪,起到了稳定军心的作用,而且还通过边境贸易富裕了一方百姓,进而提高了当地百姓的生活水平。史有胡质"迁征东将军,假节都督青、徐诸军事。广农积谷,有兼年之储,置东征台,且佃且守。又通渠诸郡,利舟楫,严设备以待敌。海边无事"②之说,胡质都督青州、徐州军事时,在保境安民的同时,进行屯田和发展漕运,从而给当地的社会经济带来了一派繁荣的景象。进而言之,屯田与兴修河渠有力地提升了曹魏政权建设的质量,稳定了曹魏政权的政治、经济秩序。

与曹魏相比,孙吴和蜀汉的河渠建设明显滞后于曹魏,甚至兴修河渠的热情远逊于曹

---

① 晋·陈寿《三国志·魏书·徐邈传》(裴松之注),北京:中华书局1959年版,第739—740页。
② 晋·陈寿《三国志·魏书·胡质传》(裴松之注),北京:中华书局1959年版,第742—743页。

魏。之所以出现这样的情况，主要是由自然地理及水文条件等因素决定的。

孙吴统治的核心区域为吴越旧地，其交通运输一向"以船为车，以楫为马"①为主。在孙吴占据江东以前，吴越旧地已有面向不同区域的航线：如春秋时，吴国先后兴修吴古故水道、胥溪、胥浦、百尺渎、子胥渎等，改善了吴国的水运条件；又如越国兴修山阴故水道等，提升了浙东一带的水上交通能力；再如秦始皇统一六国后，兴修的丹徒水道、由拳水道等，增加了自吴入越的新航线，加强了吴越两地的联系。可以说，这些河渠与长江等运道拧结在一起，构成四通八达的水上交通体系，这样一来，不再需要进行大规模的河渠建设。然而，孙吴虽有自然天成的航运条件，并不是说就不需要进行新的河渠建设。如孙吴定都建业（今江苏南京）后，围绕着建业，先后兴修了运渎、青溪、潮沟等漕运通道。此后，又开挖了句容中道即破冈渎等。开挖句容中道有两大意义：一是可以避开长江风险；二是句容中道沿线是孙吴的屯田区，在此兴修河渠，可以就地取粮运入建业。进而言之，这些河渠开挖后极大地提升了孙吴的漕运能力，保证了建业的政治安全。

蜀汉是四塞之地，为群山所环绕，其核心统治区域是成都平原。与曹魏、孙吴相比，蜀汉的河渠建设基本处于停滞阶段，具体表现在三个方面：一是蜀地的水上交通主要依靠长江及其支流形成的自然水道；二是统治的核心区域成都平原主要沿用都江堰这一水利工程，都江堰分水工程既有灌溉农田的功能，同时又有漕运能力；三是蜀汉的统治区域以山地为主，大部分地区不具备兴修河渠发展漕运的条件。因此，蜀汉只是在境内兴修了少量有农田灌溉及防洪排涝的水利设施并进行屯田。三国鼎立的局面形成后，蜀汉与孙吴结盟，主要的军事斗争对象是曹魏。从蜀汉前线指挥部汉中出发，远征关中，因沿途均是崇山峻岭，只能走栈道，故很难用开挖河渠的方式打通自巴蜀到关中的交通，这样一来，不可能把兴修有漕运能力的河渠放到重要的位置上。

---

① 汉·赵晔《吴越春秋·勾践伐吴外传》（元·徐天祜音注，苗麓校点，辛正审订），南京：江苏古籍出版社1999年版，第176页。

第一章　曹魏形势与河渠建设及漕运

孙吴和蜀汉联合抗魏后,曹魏面临着前所未有的军事压力。为了应对复杂多变的政治局势,魏文帝曹丕迁都洛阳,在加强屯田和漕运的过程中以洛阳为战略支撑点构筑了东西两道防线:一是在东南构筑了以豫州(治所在今安徽亳州)、寿春(今安徽寿县)等为中心的防线,抵御孙吴;二是在关中西部建立了以陈仓(今陕西宝鸡)等为中心的防线,抵御蜀汉。定都洛阳后,根据形势变化和需要,曹魏率先兴修了为战争服务的贾侯渠和讨虏渠等,这些具有漕运、屯田等综合功能的河渠兴修后,从政治、经济、军事、文化等方面加强了洛阳与淮南和淮北之间的联系,在稳定社会秩序和繁荣经济的同时,表达了军事斗争优先的诉求。

第一节　定都洛阳与漕运

三国之中,曹魏的综合国力最强,孙吴次之,蜀汉最弱。一般来说,农业社会衡量综合国力的基本指标是人口,根据这一情况,有必要先谈一谈三国的人口情况,以期解构曹魏迁都洛阳及建立洛阳这一漕运中心的原因。

三国时期,曹魏、孙吴和蜀汉各有多少人口呢?杜佑记载道:"魏武据中原,刘备割巴蜀,孙权尽有江东之地。三国鼎立,战争不息(刘备章武元年,有户二十万,男女口九十万)。及平蜀,得户二十八万,口九十四万,带甲将士十万二千,吏四万,通计户九十四万三千四百二十三,口五百三十七万二千八百八十一。除平蜀所得,当时魏氏唯有户六十六万三千四百二十三,口有四百一十三万二千八百八十一(孙权赤乌五年,有户五十二万,男女口二百三十万)。晋武帝太康元年,平吴,收其图籍,户五十三万,吏三万二千,兵二十三万,男女口二百三十万,后宫五千余人。九州攸同,大抵编户二百四十五万九千八百四,口千六百一十六万三千八百六十三,此晋之极盛也。"[1]马端临亦记载道:"魏武据中原,刘备割巴蜀,孙权尽有

---

[1] 唐·杜佑《通典·食货七·历代盛衰户口》,杭州:浙江古籍出版社1988年版,第39页。

江东之地,三国鼎立,战争不息。魏氏户六十六万三千四百二十三,口四百四十三万二千八百八十一。"①杜佑和马端临的说法一致,据此可知,魏元帝曹奂景元四年(263)平蜀时,曹魏人口应略高于四百四十三万;同时可知,刘备章武元年(221)蜀汉人口为九十万;赤乌五年(242),孙吴人口为二百三十万。

刘备章武元年为曹丕黄初二年(221),因两者相差仅一年,再加上战争年代人口增长缓慢,故此时刘备统治区域的人口为九十万当不成问题。那么,黄初元年(220),曹魏有多少人口呢?

裴松之注《三国志·蜀书·后主传》引王隐《蜀记》云:"禅又遣太常张峻、益州别驾汝超受节度,遣太仆蒋显有命敕姜维。又遣尚书郎李虎送士民簿,领户二十八万,男女口九十四万,带甲将士十万二千,吏四万人,米四十余万斛,金银各二千斤,锦绮彩绢各二十万匹,余物称此。"②炎兴元年(263),后主刘禅出降时,蜀汉人口为1 082 000人。如果以章武元年即黄初二年蜀汉九十万人口为基数的话,时隔四十二年,蜀汉人口增长了百分之十二。如果将其增长数平均到四十二年之中的话,那么,蜀汉人口的增长率应是千分之三。如果以千分之三为参照进行递减的话,那么,黄初元年,曹魏的人口应在四百万左右。杜佑论述道:"蜀刘禅炎兴元年,则魏常道乡公景元四年,岁次癸未,是岁魏灭蜀。至晋武帝太康元年,岁次庚子,凡一十八年。户增九十八万六千三百八十一,口增八百四十九万九百八十二。则当三国鼎峙之时,天下通计户百四十七万三千四百三十三,口七百六十七万二千八百八十一,以奉三主,斯以勤矣。"③杜佑统计曹魏户籍人口时,只提到平蜀以后的人口,没有提到黄初元年的人口。如果以晋武帝太康元年(280)为参照,可进一步证明黄初元年曹魏人口应为四百万左右。

那么,黄初元年,孙吴的人口是多少呢?裴松之注解《三国志·吴书·三嗣主传》"壬申,王浚最先到,于是受皓之降,解缚焚榇,延请相见"语,引《晋阳秋》曰:"浚收其图籍,领州四,郡四十三,县三百一十三,户五十二万三千,吏三万二千,兵二十三万,男女口二百三十万,米谷二百八十万斛,舟船五千余艘,后宫五千余人。"④吴末帝天纪四年(280),孙皓出降时,孙吴人口为2 563 200人。马端临记载道:"汉昭烈章武元年,有户二十万,男女九十万。蜀亡时,户二十八万,口九十四万,带甲将士十万二千,吏四万。吴赤乌三年,户五十二万,男女口二百三十万。吴亡时,户五十三万,吏三万二千,兵二十三万,男女口二百三十万,后宫五千余人。"⑤这一记载可证裴松之引《晋阳秋》说法的准确性。如以赤乌五年(242)孙吴人

---

① 元·马端临《文献通考·户口考一·历代户口丁中赋役》,杭州:浙江古籍出版社1988年版,第107页。
② 晋·陈寿《三国志·蜀书·后主传》(裴松之注),北京:中华书局1959年版,第901页。
③ 唐·杜佑《通典·食货七·历代盛衰户口》,杭州:浙江古籍出版社1988年版,第39页。
④ 晋·陈寿《三国志·吴书·三嗣主传》(裴松之注),北京:中华书局1959年版,第1177页。
⑤ 同①。

口为基数,以人口增长率为千分之三为基数进行递减的话,那么,黄初元年孙吴的人口应在一百八十万左右。

因孙吴和蜀汉的人口远低于曹魏,出于反兼并方面的需要,孙吴和蜀汉势必要联合起来共同抗击曹魏。这一时期,孙吴和蜀汉的综合国力虽然不如曹魏,但如果协调一致则会动摇曹魏的根基,为此,曹魏需要选择适当的地点建都,以寻求战略纵深。与许县(今河南许昌)、邺城(今河北临漳西南)相比,洛阳远离前线,且有向不同方向漕运即运兵运粮的优势,这样一来,建都洛阳便成了唯一的选择。由此提出的问题是,建安元年(196)曹操奉迎汉献帝时,为什么不继续以旧都洛阳或长安为都,反而要定都许县呢?究其根本,主要有三个原因值得关注。

其一,经董卓之乱,洛阳已满目疮痍。史称:"是时洛中贵戚室第相望,金帛财产,家家殷积。卓纵放兵士,突其庐舍,淫略妇女,剽虏资物,谓之'搜牢'。人情崩恐,不保朝夕。及何后葬,开文陵,卓悉取藏中珍物。又奸乱公主,妻略宫人,虐刑滥罚,睚眦必死,群僚内外莫能自固。卓尝遣军至阳城,时人会于社下,悉令就斩之,驾其车重,载其妇女,以头系车辕,歌呼而还。又坏五铢钱,更铸小钱,悉取洛阳及长安铜人、钟虡、飞廉、铜马之属,以充铸焉。故货贱物贵,谷石数万。又钱无轮郭文章,不便人用。"①又称:"己酉,董卓焚洛阳宫庙及人家。"②汉灵帝中平六年(189),董卓入洛阳时纵兵抢掠,给洛阳带来了巨大的灾难。汉献帝初平元年(190)二月,董卓纵火洛阳,出现了"于是尽徙洛阳人数百万口于长安,步骑驱蹙,更相蹈藉,饥饿寇掠,积尸盈路。卓自屯留毕圭苑中,悉烧宫庙官府居家,二百里内无复孑遗。又使吕布发诸帝陵,及公卿已下冢墓,收其珍宝"③的局面。由此带来的恶果是,当建安元年七月郭汜挟持汉献帝东归时,洛阳已十室九空,甚至没有宫室可居。史称:"建安元年春,诸将争权,韩暹遂攻董承,承奔张杨,杨乃使承先缮修洛宫。七月,帝还至洛阳,幸杨安殿。张杨以为己功,故因以'杨'名殿。乃谓诸将曰:'天子当与天下共之,朝廷自有公卿大臣,杨当出扞外难,何事京师?'遂还野王。杨奉亦出屯梁。乃以张杨为大司马,杨奉为车骑将军,韩暹为大将军,领司隶校尉,皆假节钺。暹与董承并留宿卫。"④裴松之注"秋七月,杨奉、韩暹以天子还洛阳"语引《献帝春秋》曰:"天子初至洛阳,幸城西故中常侍赵忠宅。使张杨缮治宫室,名殿曰扬安殿,八月,帝乃迁居。"⑤此说可补足"帝还至洛阳,幸杨安殿"的原因,可知"缮修洛宫"是指以中常侍赵忠的旧宅为洛宫,与修复洛阳旧宫无关。

其二,在洛阳遭受董卓之难的前后,长安已多次遭受洗劫。其中最大的洗劫有两次:第

---

① 刘宋·范晔《后汉书·董卓传》(唐·李贤等注),北京:中华书局1965年版,第2325页。
② 刘宋·范晔《后汉书·孝献帝纪》(唐·李贤等注),北京:中华书局1965年版,第370页。
③ 同①,第2327—2328页。
④ 同①,第2341—2342页。
⑤ 晋·陈寿《三国志·魏书·武帝纪》(裴松之注),北京:中华书局1959年版,第13页。

一次大洗劫发生于赤眉军攻占长安时,如史有"长安遭赤眉之乱,宫室营寺焚灭无余,是时唯有高庙、京兆府舍"①之说;第二次大洗劫发生于董卓被杀以后,其部将李傕、郭汜等人之间的纷争。史称:"董卓部曲将李傕、郭汜、樊稠、张济等反,攻京师。六月戊午,陷长安城,太常种拂、太仆鲁旭、大鸿胪周奂、城门校尉崔烈、越骑校尉王颀并战殁,吏民死者万余人。李傕等并自为将军。"②汉献帝初平三年(192)五月,董卓部将李傕、郭汜等进攻长安;六月,攻陷长安。此后,汉献帝兴平元年(194)四月至七月,关中三辅大旱。出现了"是时谷一斛五十万,豆麦一斛二十万,人相食啖,白骨委积。帝使侍御史侯汶出太仓米豆,为饥人作糜粥,经日而死者无降"③的局面,在这一前提下,李傕与郭汜反目,先是兴平二年(195)三月,李傕挟持汉献帝至军营,同时烧毁未央宫。后是同年七月,郭汜挟持汉献帝东归。史称:"初,帝入关,三辅户口尚数十万,自傕汜相攻,天子东归后,长安城空四十余日,强者四散,羸者相食,二三年间,关中无复人迹。"④这样一来,长安已失去了继续建都的条件。

其三,在奉迎汉献帝以前,许县作为曹操刻意经营的根据地,社会经济已呈现出复苏的景象。史称:"太祖遂至洛阳,卫京都,暹遁走。天子假太祖节钺,录尚书事。洛阳残破,董昭等劝太祖都许。九月,车驾出轘辕而东,以太祖为大将军,封武平侯。自天子西迁,朝廷日乱,至是宗庙社稷制度始立。"⑤出于政治上的需要,曹操到洛阳奉迎汉献帝,并驱逐了韩暹。此时,曹操迎汉献帝入许县,主要是受到客观条件的限制。当时的情况是,黄河以北即河北为袁绍占领,东面的淮南是曹操与孙策、孙权争夺的要地,南面的荆州(今湖北襄阳)在刘表的控制之下,西面的洛阳已经残破,且存在着不同的反曹势力,这样一来,给曹操留下的空间不大,故只能将汉献帝安顿在许县。进而言之,定都许县实际上是曹操的权宜之计。

为什么董昭等人的建议能打动曹操呢?荀彧的认识可作补充。史称:"建安元年,太祖击破黄巾。汉献帝自河东还洛阳。太祖议奉迎都许,或以山东未平,韩暹、杨奉新将天子到洛阳,北连张杨,未可卒制。彧劝太祖曰:'昔晋文纳周襄王而诸侯景从,高祖东伐为义帝缟素而天下归心。自天子播越,将军首唱义兵,徒以山东扰乱,未能远赴关右,然犹分遣将帅,蒙险通使,虽御难于外,乃心无不在王室,是将军匡天下之素志也。今车驾旋轸,东京榛芜,义士有存本之思,百姓感旧而增哀。诚因此时,奉主上以从民望,大顺也;秉至公以服雄杰,大略也;扶弘义以致英俊,大德也。天下虽有逆节,必不能为累,明矣。韩暹、杨奉其敢为害!若不时定,四方生心,后虽虑之,无及。'太祖遂至洛阳,奉迎天子都许。"⑥董昭等提出"都许"

---

① 刘宋·范晔《后汉书·董卓传》(唐·李贤等注),北京:中华书局1965年版,第2327页。
② 刘宋·范晔《后汉书·孝献帝纪》(唐·李贤等注),北京:中华书局1965年版,第372—373页。
③ 同②,第376页。
④ 同①,第2341页。
⑤ 晋·陈寿《三国志·魏书·武帝纪》(裴松之注),北京:中华书局1959年版,第13页。
⑥ 晋·陈寿《三国志·魏书·荀彧荀攸贾诩传》(裴松之注),北京:中华书局1959年版,第310页。

的建议后,曹操与众人"议奉迎都许"一事。在这中间,荀彧的一番话坚定了曹操迎汉献帝定都许县的决心。可以说,迎汉献帝定都许县是曹操政治军事集团走向昌盛的起点,经此,汉家政令均出自曹操,甚至成为曹操战胜袁绍及夺取河北的重要原因。史称:"绍每得诏书,患有不便于己,乃欲移天子自近,使说操以许下埤湿,洛阳残破,宜徙都甄城,以就全实。操拒之。田丰说绍曰:'徙都之计,既不克从,宜早图许,奉迎天子,动托诏令,响号海内,此算之上者。不尔,终为人所禽,虽悔无益也。'绍不从。"①曹操迎汉献帝入许县,在挟天子以令诸侯的同时,占据了道义上的制高点。

从另一个层面看,伴随着曹操统一北方的进程,在许县建都的弊端开始显现出来。具体地讲,建安二十五年(220),围绕着荆州的归属,孙吴和蜀汉联盟关系暂时破裂。出于自身的需要,孙权一方面上书劝曹操上位代汉,另一方面积极地配合曹操征讨镇守荆州的关羽。《晋书·宣帝纪》记载道:"及蜀将羽围曹仁于樊,于禁等七军皆没,修、方果降羽,而仁围甚急焉。是时汉帝都许昌,魏武以为近贼,欲徙河北。帝谏曰:'禁等为水所没,非战守之所失,于国家大计未有所损,而便迁都,既示敌以弱,又淮沔之人大不安矣。孙权、刘备,外亲内疏,羽之得意,权所不愿也。可喻权所,令掎其后,则樊围自解。'魏武从之。权果遣将吕蒙西袭公安,拔之,羽遂为蒙所获。"②《三国志·魏书·蒋济传》亦云:"关羽围樊、襄阳。太祖以汉帝在许,近贼,欲徙都。司马宣王及济说太祖曰:'于禁等为水所没,非战攻之失,于国家大计未足有损。刘备、孙权,外亲内疏,关羽得志,权必不愿也。可遣人劝蹑其后,许割江南以封权,则樊围自解。'太祖如其言。权闻之,即引兵西袭公安、江陵。羽遂见禽。"③两说略有不同,前者强调了司马懿的作用,后者强调了司马懿和蒋济在反对迁都河北中的共同作用。王鸣盛考证道:"'关羽围曹仁于樊,于禁等七军皆没。时汉帝都许昌,魏武以为近贼,欲徙河北。宣帝谏不当迁'云云。案《魏志·蒋济传》:'关羽围樊,太祖以汉帝在许,近贼,欲徙都,济与宣王说太祖。'其词正与此同。此不及济者,欲专美于司马懿也。"④在充分利用刘备与孙权矛盾的过程中,曹操解除了眼前的危机,并不再迁都。

不过,如果进一步分析"是时汉帝都许昌,魏武以为近贼,欲徙河北""太祖以汉帝在许,近贼,欲徙都"的原因,则不仅仅是曹操听从了司马懿、蒋济的劝告那样简单,恐怕在曹操的深层意识中,还与河北地偏一隅相关。就是说,迁都以后的地点应有战略纵深,要能方便漕运,能应对孙吴和蜀汉同时从关中和淮南等方向发动进攻。与其他地方相比,洛阳显然是最

---

① 刘宋·范晔《后汉书·袁绍刘表传》(唐·李贤等注),北京:中华书局1965年版,第2390页。
② 唐·房玄龄等《晋书·宣帝纪》,北京:中华书局1974年版,第3页。
③ 晋·陈寿《三国志·魏书·蒋济传》(裴松之注),北京:中华书局1959年版,第450—451页。
④ 清·王鸣盛《十七史商榷·〈晋书〉二》(黄曙辉点校),上海:上海书店出版社2005年版,第320页。

适合建都的地点。或许正是这样的原因,曹操把经营洛阳提上了议事日程。

关羽围曹仁及孙权称藩是一件大事。史称:"关羽围曹仁于樊,会权称藩,召辽及诸军悉还救仁。辽未至,徐晃已破关羽,仁围解。辽与太祖会摩陂。辽军至,太祖乘辇出劳之,还屯陈郡。"①在解曹仁之围的过程中,曹操采取的战略是,利用孙权和刘备之间的矛盾,抓住孙权称藩的有利时机,将军事斗争的矛头指向蜀汉。与此同时,向孙权表达了不称帝的决心,以防止孙吴与蜀汉再度结盟。裴松之引《魏略》曰:

> 孙权上书称臣,称说天命。王以权书示外曰:"是儿欲踞吾著炉火上邪!"侍中陈群、尚书桓阶奏曰:"汉自安帝已来,政去公室,国统数绝,至于今者,唯有名号,尺土一民,皆非汉有,期运久已尽,历数久已终,非适今日也。是以桓、灵之间,诸明图纬者,皆言'汉行气尽,黄家当兴'。殿下应期,十分天下而有其九,以服事汉,群生注望,遐迩怨叹,是故孙权在远称臣,此天人之应,异气齐声。臣愚以为虞、夏不以谦辞,殷、周不吝诛放,畏天知命,无所与让也。"②

又引《魏氏春秋》云:

> 夏侯惇谓王曰:"天下咸知汉祚已尽,异代方起。自古已来,能除民害为百姓所归者,即民主也。今殿下即戎三十余年,功德著于黎庶,为天下所依归,应天顺民,复何疑哉!"王曰:"'施于有政,是亦为政'。若天命在吾,吾为周文王矣。"③

曹操学周文王缓称帝的目的是:防止孙权与刘备再度结盟,并确立优先翦除刘备的战略。裴松之论述道:"《曹瞒传》及《世语》并云桓阶劝王正位,夏侯惇以为宜先灭蜀,蜀亡则吴服,二方既定,然后遵舜、禹之轨,王从之。及至王薨,惇追恨前言,发病卒。孙盛评曰:夏侯惇耻为汉官,求受魏印,桓阶方惇,有义直之节;考其传记,《世语》为妄矣。"④裴松之所引所论,大体上道出了当时的实情。

孙权向曹操称臣只是权宜之计,两者间的矛盾则是长久的。如曹操的使者邢贞出使吴时,一副盛气凌人的态度引起孙权部下的不满。史称:"及权为魏称藩,魏使邢贞拜权为吴王。权出都亭候贞,贞有骄色,张昭既怒,而盛忿愤,顾谓同列曰:'盛等不能奋身出命,为国

---

① 晋·陈寿《三国志·魏书·张辽传》(裴松之注),北京:中华书局1959年版,第520页。
② 晋·陈寿《三国志·魏书·武帝纪》(裴松之注),北京:中华书局1959年版,第52—53页。
③ 同②,第53页。
④ 同③。

便,在此建都,可用最快的速度向不同的方向运兵运粮。从这样的角度看,曹丕代汉并定都洛阳与曹操刻意经营相关。在这中间,洛阳虽然多次遭受破坏,但居天下之中的交通地位不变。

曹操经营洛阳发生在统一北方以后。自实行许昌(今河南许昌)屯田及推广这一制度以后,曹操为充实洛阳人口,多次采取了迁徙之策。史称:"自天子西迁,洛阳人民单尽,繇徙关中民,又招纳亡叛以充之,数年间民户稍实。太祖征关中,得以为资,表繇为前军师。"①所谓"自天子西迁",是指初平元年二月,董卓胁持汉献帝迁都长安一事。打那以后,"洛阳人民单尽"。"太祖征关中",指建安十六年(211)七月,曹操亲率大军征讨马超一事。曹操平定关中时,钟繇用安顿关中百姓及招纳流民的方式,充实了洛阳人口,为曹操提供了粮草及军需物资。

建安二十年(215),曹操至汉中征讨张鲁,将汉中百姓迁往洛阳和邺城。史称:"后袭领丞相长史,随太祖到汉中讨张鲁。太祖还,拜袭驸马都尉,留督汉中军事。绥怀开导,百姓自乐出徙洛、邺者,八万余口。"②杜袭都督汉中军事时,迁徙汉中八万人至洛阳和邺城。裴松之注《三国志·魏书·袁张凉国田王邴管传》云:"建安十六年,三辅乱,又随正方南入汉中。汉中坏,正方入蜀,累与相失,随徙民诣邺,遭疾疫丧其妇。至黄初元年,又徙诣洛阳,遂不复娶妇。"③早年,扈累从正方先生游学,失散后,先迁徙邺城,后又迁至洛阳。在随流民迁徙的过程中,扈累从汉中到邺城再到洛阳,这一迁徙路线从一个侧面反映了曹操充实洛阳人口的历程,同时也透露了曹操有心经营洛阳的信息。可以说,以恢复洛阳人口为先导,曹操为经营洛阳进行了不懈的努力。在这中间,经营洛阳,除了与恢复统治区域内的社会经济相关外,还与洛阳有四通八达的水陆交通,有利于漕运即向不同方向运兵有着密切的关系。这一时期,曹操政治集团受到的军事威胁主要来自孙吴和蜀汉,根据这一情况,需要寻找一个有战略纵深及方便漕运的地方建都,以应对来自不同方向的威胁,与其他地方相比,很显然,洛阳是最适合建都的地点。

如果说迁徙人口至洛阳还不能完全视为曹操有心迁都洛阳的话,那么,兴修建始殿则明白地传达了曹操有意经营洛阳的信息。也就是说,此举明确地表达了曹操打算迁都洛阳的政治诉求。史称:"冬十月,军还洛阳。孙权遣使上书,以讨关羽自效。王自洛阳南征羽,未至,晃攻羽,破之,羽走,仁围解。王军摩陂。"④这里所说的"冬十月",是指建安二十四年(219)十月。"摩陂"是湖泊,魏明帝青龙元年(233)改称"龙陂"。如郦道元有"汝水又东南

---

① 晋·陈寿《三国志·魏书·钟繇传》(裴松之注),北京:中华书局1959年版,第393页。
② 晋·陈寿《三国志·魏书·杜袭传》(裴松之注),北京:中华书局1959年版,第666页。
③ 晋·陈寿《三国志·魏书·袁张凉国田王邴管传》(裴松之注),北京:中华书局1959年版,第365页。
④ 晋·陈寿《三国志·魏书·武帝纪》(裴松之注),北京:中华书局1959年版,第52页。

流,与白沟水合,水出夏亭城西,又南径龙城西。城西北即摩陂也,纵广可一十五里。魏青龙元年,有龙见于郏之摩陂,明帝幸陂观龙,于是改摩陂曰龙陂,其城曰龙城,其水又南入于汝水"①之说可证。摩陂在龙城东南(今河南郏县长桥镇一带),曹操自荆州班师回朝,曾在摩陂作短暂的休整,随后才率军至洛阳。裴松之注"二十四年,太祖军于摩陂"语时有"击破吕布军"②之说,赵翼叙述这一事件时考证道:"《夏侯惇传》,建安二十一年,从征孙权。二十四年,曹操击破吕布军于摩陂,召惇同载,以宠异之。按操擒布在建安二年,距建安二十四年已二十余载,何得尚有破布之事。考是时关羽围曹仁,操遣徐晃救之,操自洛阳亲往应接,未至而晃破羽,羽已走,操遂军摩陂。则《惇传》所云吕布,必关羽之讹也。"③据此,完全可以进一步地证明,早在曹操率领大军支援徐晃时,洛阳已是曹操刻意经营的大本营。以此结合"军还洛阳""王自洛阳南征羽"等语不难发现,早在曹操与刘备争夺汉中时,洛阳已成为曹操的军事指挥部。如裴松之注"二十五年春正月,至洛阳。权击斩羽,传其首。庚子,王崩于洛阳,年六十六"等语云:"《世语》曰:太祖自汉中至洛阳,起建始殿,伐濯龙祠而树血出。《曹瞒传》曰:王使工苏越徙美梨,掘之,根伤尽出血。越白状,王躬自视而恶之,以为不祥,还遂寝疾。"④撇开这里所说的"灾异"现象不论,当知"太祖自汉中至洛阳"当发生在建安二十五年一月。进而言之,汉中战役失败以后,汉中为刘备掌控,曹操率师回洛阳,并开始营造建始殿,如史又有"汉献帝建安二十五年春正月,魏武帝在洛阳起建始殿"⑤之说可证。

汉献帝延康元年(220)十月,曹丕接受禅让,取代汉献帝正式建魏,并改年号"黄初"。史称:"庚午,王升坛即阼,百官陪位。事讫,降坛,视燎成礼而反。改延康为黄初,大赦。"⑥又称:"许昌汉献帝都许。魏禅,徙都洛阳,许宫室武库存焉,改为许昌。"⑦裴松之注引《献帝传》记载道:"辛未,魏王登坛受禅,公卿、列侯、诸将、匈奴单于、四夷朝者数万人陪位,燎祭天地、五岳、四渎,曰:'皇帝臣丕敢用玄牡昭告于皇皇后帝:汉历世二十有四,践年四百二十有六,四海困穷,三纲不立,五纬错行,灵祥并见,推术数者,虑之古道,咸以为天之历数,运终兹世,凡诸嘉祥民神之意,比昭有汉数终之极,魏家受命之符。汉主以神器宜授于臣,宪章有虞,致位于丕。丕震畏天命,虽休勿休。群公庶尹六事之人,外及将士,洎于蛮夷君长,佥曰:"天命不可以辞拒,神器不可以久旷,群臣不可以无主,万几不可以无统。"丕祗承皇象,敢不

---

① 北魏·郦道元《水经注·汝水》,杨守敬、熊会贞疏,段熙仲点校,陈桥驿复校《水经注疏》中册,南京:江苏古籍出版社1989年版,第1758页。
② 晋·陈寿《三国志·魏书·诸夏侯曹传》(裴松之注),北京:中华书局1959年版,第268页。
③ 清·赵翼《廿二史札记·三国志误处》,王树民《廿二史札记校证》,北京:中华书局1984年版,第129页。
④ 晋·陈寿《三国志·魏书·武帝纪》(裴松之注),北京:中华书局1959年版,第53页。
⑤ 唐·房玄龄等《晋书·五行志中》,北京:中华书局1974年版,第858页。
⑥ 晋·陈寿《三国志·魏书·文帝纪》(裴松之注),北京:中华书局1959年版,第62页。
⑦ 唐·房玄龄等《晋书·地理志上》,北京:中华书局1974年版,第421页。